地方政府网络形象的塑造与治理研究报告

方金友　王　慧　著

合肥工業大學出版社

前　言

根据中国互联网络信息中心发布的第48次《中国互联网络发展状况统计报告》，截至2021年6月，我国网民规模达10.11亿，较2020年12月增长2175万，互联网普及率达71.6%。10亿用户接入互联网，形成了全球最为庞大、生机勃勃的数字社会，网络媒体已成为公众舆论的主要反映载体。我国互联网发展态势依然保持强劲，参与主体、参与层次和参与内容都有着愈加丰富活跃的表现。在参与主体上，手机价格低廉化和手机软件操作“傻瓜化”吸纳了数量庞大的网民，以拼多多、抖音为代表的“市场下沉”互联网产品是“网络下沉”的具体体现。在参与层次上，政府部门、社会组织和私人企业也纷纷开通社交媒体账号，加入这场数字化的浪潮中来。这一参与方式将个体与个体的互动拓宽为个体与群体的互动、群体与群体的互动以及权利与权力的互动。在参与内容上，随着互动层次从私人领域延伸到公共领域，网民谈论的内容不再局限于日常聊天，而是更多地涉及公共问题的讨论，并热衷于对社会新闻发表自己的看法，由此形成了个人对公共领域事实上的监督，对社会公共生活领域带来了明显的积极影响。随着网络媒体的迅速崛起，网络舆情传播范围越来越广，传播速度越来越快，各种信息爆发集聚、相互传播、高度交互，公众关注话题极易快速形成网络焦点①。一方面，网民能够通过互联网平台参政议政，便于地方政府把握和引导民众信念、态度、意见、情绪；另一方面，信息传递具有延迟性和失真性，一些别有用心的媒体为了哗众取宠、吸引流量，对热点敏感事件断章取义、故意曲解、煽动误导，导致公众获取的信息不完整、不透明，加之网络观点的盲目性、跟风性，极易引发情绪化、极端化言论，为地方政府网络形象的塑造与治理带来新挑战。

自1994年我国首次接入互联网，信息产业部与公安部成为继国务院之后率先介入互联网管理的政府部门。十八届三中全会公报指出，全面深化改革的总目标是完善和发展中国特色社会主义制度，推进国家治理体系和治理能力现代化。2016年4月，习近平同志在网络安全和信息化工作座谈会上强调，互联网是一个

① 刘毅．略论网络舆情的概念、特点、表达与传播［J］．理论界，2007（1）：11-12.

社会信息大平台，亿万网民在上面获得信息、交流信息，这会对他们的求知途径、思维方式、价值观念产生重要影响，特别是会对他们对国家、对社会、对工作、对人生的看法产生重要影响①。那个时期，我国处于深化改革发展的重要阶段，社会中很多问题与矛盾借助于网络平台迅速传播。互联网成为网民发表言论的主要渠道。网络舆论起到正面和负面的作用，负面的舆论在网络平台迅速传播，这给舆论场治理和建设、舆论引导以及党的领导和执政带来诸多新课题。为此，习近平同志强调，领导干部要强化互联网思维，提升对网络舆论的引导能力。党的十九大报告指出："加强互联网内容建设，建立网络综合治理体系，营造清朗的网络空间。""围绕中心、服务大局"是建立网络综合治理体系的基本遵循，这就要求地方政府主动聚焦党和国家的中心任务，主动对标国家治理体系和治理能力现代化，自觉融入国家治理体系和治理能力现代化之中，才能在更高的起点之上规划、推进网络综合治理体系建设。同时，地方政府利用互联网扁平化、交互式、快捷性等优势，推进决策科学化、社会治理精准化、公共服务高效化，打造共建共治共享的社会治理格局，提高社会治理法治化、智能化、专业化水平，更好地用信息化手段感知社会态势、疏通交流沟通的渠道、辅助科学决策，提升治理能力和效率，推进治理体系和治理能力现代化。

进入新时代，各级地方政府要充分认识舆论引导、舆情应对工作的重要性和紧迫性，提升网络舆情治理能力，做好网上宣传教育引导工作，为我国网民营造一个风清气正的网络空间，促进社会稳定和谐发展。目前，我国正处于网络快速发展阶段，伴随而来的就是网络治理问题。推进国家治理体系和治理能力现代化，必须加强网络治理，实现网络治理现代化。对于一个现代国家而言，互联网建设是实现社会有效治理、有序变迁和可持续发展的推动力。为了营造良好的网络环境，维护社会秩序稳定，我国政府尤其重视对网络传播内容的管理。进入新时代，网络的使用呈现出大众化趋势，信息源不再局限于传统媒体，传播信息的权利已交到了普通大众手中，信息互动性和流动性大大增强。网民在社交平台上对一些社会问题也在研讨，信息快速从私人领域流入公共领域。同时，这些得到强化的信息可以对现实社会产生影响，也进一步推动着政府网络治理的重点由传统媒体转向融媒体与个人并重。随着我国网络产业的迅速发展，特别是在视听领域和文学领域，各类文化产品层出不穷，网络自然成为重要的文化创作平台。在这个阶段，政府以传播正能量、构建和谐社会为目标，将文化建设作为网络治理的重点，通过如"阳光工程""绿坝工程""剑网行动"等集中整治网络传播中存在的低俗信息和有害信息。比起早期的传统网络管理，如今的网络治理在治理

① 习近平：在网络安全和信息化工作座谈会上的讲话［N］. 解放军报，2016-04-26（01）.

技术上更先进，政策覆盖上更完备，治理能力上有了进一步的提高。可见，网络技术的发展在拓宽公众表达渠道的同时，也降低了传播的门槛，如公众长期面对海量的信息，在网络的助推下很容易形成网络热点和突发网络舆情，构成潜在的社会风险。如今互联网已然成为现实社会的镜面空间，网络里的公众因暂时脱离现实而更少克制自己，表达更为迅速和直白。这在有些社会问题暴露的同时，也为地方政府提供了清晰的观察视野，进一步推动网络治理现代化进程。

毋庸置疑，良好的地方政府网络形象是政府治理能力现代化的重要体现，也是政府治理体系的重要组成部分。当前，提升地方政府网络执政能力是新发展阶段的必然要求。而网络舆论是一把“双刃剑”，极大地考验着地方政府治理能力和治理水平。网络舆论处置得当会增强地方政府的执政能力，治理不当就会有损地方政府的形象与公信力。要提升网络舆论治理能力，塑造良好的政府网络形象对提高地方政府网络执政能力可起到关键作用。地方政府要以提高政府网络舆论治理能力为切入点，强化舆论引导，创新网络社会治理方式，深入推进国家治理体系和治理能力现代化建设。习近平同志指出：“网信事业要发展，必须贯彻以人民为中心的发展思想。”我国的新闻舆论工作是党治国理政的一项重要内容，互联网又是党和政府联系群众、服务群众的重要平台。因此，只有坚持以人民为中心的工作导向，才能符合互联网社会治理能力的发展趋势，才能使我们党和政府更好地把握时代发展的脉搏，发展壮大；才能使我们党和政府同人民群众密切联系，使人民群众树立正确的新闻舆论观。网络舆论其实是社情民意的集合，网络舆论的背后蕴含着人民群众对公平正义的向往，包含着群众自身幸福感、参与感、获得感的心理需求。党的十九届五中全会提出要“不断增强人民群众获得感、幸福感、安全感”，这几种需求是否得到满足，也体现在人民群众在网上怎样说及说什么话。地方政府妥善处理网络舆论的目标是最大限度地凝聚人心，树立阳光形象，体现公信力。提升地方政府网络形象的治理能力必须坚持以人民为中心的发展思想，通过科学监测研判、及时引导治理，有效及有温度地回应社会关切，积极推动问题解决，才能营造暖人心与聚民心的网络环境，实现人民群众紧紧围绕在党和政府周围凝心聚力，共同实现中华民族伟大复兴。习近平同志指出：“准确、权威的信息不及时传播，虚假、歪曲的信息就会搞乱人心；积极、正确的思想舆论不发展壮大，消极、错误的言论观点就会肆虐泛滥。”① 互联网是意识形态领域的重要阵地。从境内看，各级地方政府如果不能牢牢掌握舆论主导权，一些利益团体就会借助网络舆情操控舆论，影响社会稳定和谐发展。从境外看，以美国为首的西方国家一直将互联网视为分化、西化我国的重要工具，特

① 习近平．习近平谈治国理政（第3卷）［M］．北京：外文出版社，2020：319.

别是在网络舆情事件发生时，不断借助互联网歪曲事实，造谣抹黑我国政府。如果地方政府不能合理应对网络舆论，主流舆论就会处于被动地位，失去主导权。加强地方政府网络形象塑造与治理建设，才能抓住舆论场的主动权和主导权，形成网上网下的同心圆，营造健康向上的网络社会空间①。

在媒体融合的形势下，地方政府的行政绩效在很大程度上通过政府形象来展现，政府形象塑造面临诸多挑战。融媒体语境下信息传播形式变得复杂多样、传播模式越发快捷开放、传播内容更加全面丰富，这些都直接考验着地方政府的公信力、执行力和应急处置能力，地方政府部门只有进一步掌握融媒体的发展规律并满足其发展需求，才能够借助融媒体塑造良好的形象。同时，以政务微博、政务微信、政务客户端为代表的网络平台，也为政府形象塑造提升带来了机遇。作为政府和民间对话沟通的新渠道，网络媒体开始发挥出其在政府形象传播、维护、塑造、修复等方面的价值和作用，尤其是在突发事件的处理上，网络媒体的及时性、互动性和传播的裂变性等特性，可以在舆论引导、辟谣传声、安抚社会情绪等方面发挥重要作用。地方政府需要通过一定的手段、策略对自身的网络形象进行治理，进而塑造良好形象。

① 热娜古丽·阿不都热合曼．提升地方政府网络舆情治理能力路径探析［J］．科技传播，2021（7）：143-145.

目　录

第一章　政府形象的网络传播

自人类社会组建政府以来，政府形象便成为公众关注的焦点。政府形象是政府的执政理念和执政行为在公众心里的客观反映。当前网络新媒体的迅速发展，为公众了解政府理念、评价政府行为提供了广泛的渠道和自由的空间。如何正视网络媒体的发展，科学构建政府、媒体、公众之间的良性互动关系，塑造政府的良好形象，已成为新时代的重大社会政治问题。

第一节　政府形象的概念与影响因素

与其他社会组织不同，政府在履行职能时，侧重于组织和干预社会经济生活，以及处理和管理社会公共事务。政府存在的原因主要在于，“为了使国家意志得到表达和执行，必须建立、维持并发展一个非常复杂的政府组织”①。政府形象作为一种特殊的社会资源，也是地方政府软实力的重要组成部分。地方政府需要通过一定的手段、策略对自身的形象进行宣传、包装和改进，进而塑造良好的形象。近年来，随着网络技术的发展，网络已成为地方政府形象塑造的重要工具，塑造良好的政府网络形象是互联网时代提高地方政府执政能力的利器。

一、政府形象的内涵与特征

（一）政府形象的内涵

由于政府形象是从“形象”一词发展而来，所以掌握“形象”的内涵是理解政府形象的前提。在《应用汉语词典》中，“形象”具有两个意思：一是指人的形体、相貌，或事物的具体形状；二是文艺作品反映社会生活的特殊形式，是作者创造出来的生动具体的、能激发人们想象的生活图景，一般指作品中典型人

① ［美］弗兰克·J. 古德诺. 政治与行政［M］. 王元，杨百朋，译. 北京：华夏出版社，1987：44.

物的精神面貌和性格特征①。有学者认为，“形象”是指人们对某种事物在头脑中所形成的整体印象，是人们对客观事物的主观综合感受②。国内学者明确提出政府形象概念，并对政府形象管理、塑造、传播等方面进行探讨。从一定意义来说，政府形象是政府的行政外在表现，是一个综合性的印象，是“政府这一组织系统在运作中即在自身的行为与活动中产生出来的总体表现与客观效应，以及公众对这种总体表现与客观效应所作的较为稳定与公认的评价”③。政府形象包括两个方面：一方面是政府组织系统作为有内在结构功能与行为机制的体系在运行中所产生出来的客观的总体效应；另一方面是政府所服务的社会公众在对政府组织系统的客观总体效应进行评价时所产生出来的综合印象④。可见，政府形象是指政府组织系统在运行过程中所形成的客观总体效应，以及社会公众对于这种客观总体效应的评价和认知的总和。亦如卢梭指出的，政府是介于臣民和主权者之间使这两者互相沟通的中间体，它的任务是执行法律和维护自由，既维护社会自由，也维护政治的自由⑤。正面的政府形象不但能够在现实社会中产生积极作用，而且还可以在网络空间中产生显著影响。作为一个由各种元素构成的完整系统，它的研究范围涉及诸多学科领域，如政治学、行政学、公共管理学、传播学等。国外对政府形象的研究大多从合法性、治理等角度展开。

随着时代的发展和政治民主化的推进，各国在建设现代化过程中都加速进行社会转型，其社会的宏观、中观和微观结构皆发生深刻变化，由市场经济激活的主体利益得以产生，并开始寻求制度内的利益表达。作为整个政治系统中心结构的政府组织，因而承载了更多的利益要求和行政责任。

国内学者对政府形象的研究形成了三个主要观点：一是评价论，二是反映论，三是综合论。第一，持评价论的学者认为，政府形象是社会公众对政府及其行为影响的主观评价，是社会公众对政府情感态度的体现。该观点将公众的评价和认知作为政府形象构成的主要条件，强调公众主体性。例如，杜建国认为，政府形象是社会公众对政府综合认识以后所形成的总印象。它是通过政府许许多多具体而又客观的活动作用于公众的思想感情而产生的一种主观的综合印象⑥。第二，持反映论的学者认为，政府形象是政府实际行为在公众心中聚集和投射的结果。如袁曙宏提出，政府形象是指作为行政主体的政府在作为行政客体的公民头

---

① 商务印书馆辞书研究中心．应用汉语词典［M］．北京：商务印书馆，2000：1406.

② 唐钧．形象危机应对研究报告（2012）［M］．北京：社会科学文献出版社，2012：9.

③ 胡宁生．中国政府形象战略（上册）［M］．北京：中共中央党校出版社，1998：6.

④ 胡宁生．中国政府形象战略（上册）［M］．北京：中共中央党校出版社，1998：18.

⑤ ［法］卢梭．社会契约论［M］．李平沤，译．北京：商务印书馆，2017：64.

⑥ 杜建国．试论政府形象的价值和作用［J］．郑州大学学报（哲学社会科学版），1991（5）：29-35.

脑中的有机反映，是主客观相统一的产物[①]。彭伟步认为，政府形象是国家行政机关的活动所引起人们的思想或感情活动的具体形状或姿态[②]。第三，持综合论的学者认为，政府形象既包括了政府行为所产生的客观总体效应，又涵盖了社会公众对政府行为及效应的主观认识和评价。例如刘小燕认为，政府形象的概念由两方面组成，一是政府的本体状态和客观实在，二是社会公众对政府的认知和评价[③]。政府形象可界定为：它由两个方面构成，一是政府作为组织系统在运行过程中其行为和理念所产生的客观总体效应；二是公众对由这个组织系统的行为和理念所产生的客观总体效应的认知和评价。

大家普遍认为，政府形象的形成与社会公众对政府认知的二元矛盾心理存在着密切的关系。从本质上而言，作为形象庞杂系统的一个重要分支，政府形象体现的是政府与社会公众之间的一种公共关系。政府形象的良好与否很大程度上取决于政府是否在科学理论和原则的指导下，运用传播手段，与社会公众进行有效的双向信息沟通。它可以增进政府与公众之间的相互了解、相互信任和相互合作，从而建立稳定和持久的和谐关系[④]。这种关系具化为政府的管理绩效与公众满意度和期望值之间的动态博弈：对政府而言，良好的形象是其管理的有效性和合法性的外在表现，是维护政府统治地位、增强政府权威信誉、提高政府管理效率的重要因素，也是贯彻政府方针政策、落实政府管理目标、实现富国强民理想的无形动力[⑤]。对社会公众而言，良好的政府形象可以使其获得对政府的认同感，“会发自内心地、自愿地服从政府的法律、法规，政府的政策就容易得到人民的拥护，容易得到全面的贯彻、执行”[⑥]。

随着计算机与网络技术的发展，政府形象迎来网络传播的机遇与挑战。网络技术的兴起，能将有关政府的负面消息即时多级化大范围传播，政府如不能做出及时、正确的应对，就有可能坠入“塔西佗陷阱”。对公众而言，网络逐渐成为其意见表达传播的主要选择。它所独有的匿名性、快捷性等特征，迎合了社会公众对政治自由以及民主参与的渴望。与传统媒介相比，网络媒体更有利于公众进行真实意见的表达。对于政府而言，这意味着需要面对多元化利益需求与回应各方关切。如果一味地“查、防、堵、治”网络舆论，将导致政府决策失去广泛

---

① 袁曙宏．政府形象论纲——政府与公民双向回应的视角［J］．国家行政学院学报，2000（3）：17-21.

② 彭伟步．信息时代政府形象传播［M］．北京：社会科学文献出版社，2005：11.

③ 刘小燕．政府形象传播的理论框架［J］．现代传播，2005（4）：48-50.

④ 赵伟鹏，戴元祥．政府公共关系理论与实践［M］．天津：天津人民出版社，2001：1.

⑤ 蒋春堂．政府形象探索［M］．北京：中国国际广播出版社，2001：123-124.

⑥ 毛加强．政府经济学［M］．西安：西北工业大学出版社，2005：151.

的公众基础，甚至产生严重的政治合法性危机①。政府形象良好与否，取决于政府与公众是协同还是对抗，蕴含的价值并不仅仅在于展示政府的效能以及政府的公关技巧，而是作为一个最佳的观察视角，从中发现政府在解决社会公众关心的重大问题时的政治运作，能否以较强的治理能力获取公众的支持，促进社会的整体发展。

（二）政府形象的特征

政府组织有别于一般的社会组织，其价值取向的公益性、合法性、合法垄断性、“产品”特殊性、手段的强制性等特征都必然导致政府形象的公共性特征。政府形象具有以下四个方面的基本特点②：

政府形象具有客观性。政府客观状态作为公众头脑中反映的客体，不是凭空而来的，而是对政府各种构成要素、相互间的联系及其运行效果的反映。政府形象作为政府这一巨型社会系统的组织形象不是靠主观的控制强加于公众的，而是依靠自身在结构、职能、政策、效率、权力的公正运用等方面的良好行为和绩效，使公众心目中形成一个个真实、可靠、负责、公正、高效、廉洁的印象。

政府形象具有主观性。社会公众作为政府客观实在反映的主体，对政府实际行为活动的印象，是经过自身感受与思考在头脑中形成的。不同的公众与公众群体，其职业、地位、思想、兴趣及价值取向不同，对政府的要求与期待也不同，从而对政府的总体印象、认知和评价也不同。加之，公众对政府体系的实际作为，尤其是各个方面的活动与绩效并不能完全了解，自然形成不同的政府形象。

政府形象具有综合性。公众个体对政府的印象不是仅凭偶然的一时一事的感受形成的，而是在与政府大量的接触中，不断地对积累起来的感受加以综合、修正、补充以后形成的。对于公众群体来说，作为群体性的政府形象则是将个体关于政府的部分印象加以综合后形成的群体表象。整个社会公众关于政府的集体印象即政府的整体形象，是公众个体的印象和公众群体的印象在更大范围内进行综合的结果。

政府形象具有变动性。政府形象的变动性主要是由两个方面的因素引起的。一方面，政府所处的环境在变，政府自身的诸要素也必然发生变化，无论是环境迫使政府改变，还是政府为适应环境而主动地改变，事实上变化总是在不断进行。社会的政治、经济和社会环境都是不断发生着变化的，政府作为上层建筑的一个重要组成部分必然会随着这些环境的变化而发生相应的变化。政府形象的变

---

① 张恩韶，文军．论政治参与和政府管理在网络空间的良性互动［J］．济南大学学报（社会科学版），2009（4）：72-75.

② 张恩韶．网络舆论危机下的当代中国政府形象塑造［D］．上海：华东师范大学，2011.

化主要是通过政府的结构、效率、政策、权力的运用、国家公务人员的思想观念等方面的变化体现出来的。另一方面，即使政府的客观实在没有发生变化，政府的服务对象——公众也会不断发生变化。公众的知觉受“近因效应”（指最后的印象对人的认知有强烈的影响，由美国社会心理学家安德森等人提出）及“晕轮效应”（指公众根据个人的偏好得出认知判断，然后从这个判断推论出认知对象的其他品质，由美国心理学家爱德华·桑戴克提出）的影响，易受政府“近期的”或是“重大的”行为左右而改变对政府的看法。同时，公众会随着自身素质的提高、政府新制定的政策法规对自身利益影响的变化等因素而对政府的态度、看法、评价、要求、愿望发生变化。因此，公众对政府的印象除了有一定的稳定性以外，还具有不断变化的特性。

二、政府形象的构成体系

政府形象塑造的根本途径在于政府形象构成要素自身的优化组合能否满足公众不断增长的多样化需求。而政府形象的塑造，实际上就体现为两大问题：政府治理能力的提升以及政府与公众之间的良性互动。从政府内部运作来看，影响政府形象的构成因素包括诸多方面：

一是政府价值理念。政府公共行政价值的作用还在于其合法性和有效性。合法性是政府权源得以证明为正当的理由，也是政府存续和发展的重要力量。它既包括风俗习惯等传统要素，又包含民主契约等现代因子。而其有效性，则是政府能力评估的重要内容，它关系到社会公众对公共物品需求的满足程度。如果政府在公共物品供给方面具有较强的能力，那么社会公众基于利益满足的状况会给予政府良好的评价。由此可见，政府价值理念是政府形象生成和确立过程中的重要前提。当一个政府的价值理念契合社会公众的普遍需求时，政府的形象便容易得到公众的认同。

二是政府行为和绩效。它是影响政府形象的关键要素。政府行为是政府在一定价值理念引领下运用公共权力，通过政府机关及其工作人员对社会公共事务进行组织、协调、管理的活动。它构成了社会公众感知政府形象的直接来源。在政府行为的诸多类型中，政府的政策制定和执行过程对政府形象产生的影响最为重大。从政策制定来看，政府制定的政策法规是否科学合理，将影响社会公众对政府荣誉、公信力和合法性的具体认知。这就要求政府首先在政治输入方面，应尽力拓宽渠道，以容纳各社会团体的利益表达；其次，在政策制定过程中，政府应坚持公共利益原则和程序原则，即根据社会公众的要求和意愿，同时遵循社会认可的制度程序，尽量制定出符合社会公众利益要求的公共政策产品；最后，在政治输出阶段，政府需要注意听取社会公众的反馈意见，并根据相关意见调整自身的行动部署和大政方针。而从政策执行来看，政府机构及其工作人员是否在宪法及其他法律法规等规定的范围内运用公共权力处理公共事务，将极大地影响政府在社会公众心目中的形象。即使政府依照科学、民主的原则制定出合理的政策法规，在执行时却出现了较大程度的偏差，也会导致政策的执行效果不尽如人意。政府虽然能够采取措施对执行中的问题予以纠正，但客观地说，社会公众对政府先前表现所产生的较差印象并不会因此而很快消失①。

三是政府组织的视觉识别。政府利用文字、图案、色彩、建筑物和雕塑等视觉符号，向社会公众准确、清晰地传达政府作为公共管理角色的理念和行为的特征，使社会公众能够使用政府提供的公共服务并配合政府的管理工作②。

在信息化时代，某个突发事件在互联网上被曝光，即可迅速引爆全国舆论，把地区性、局部性和带有某种偶然性的问题，变成全民“围观”的公共话题，甚至变成需要中央政府出手干预的公共事件。在网络环境下，政府需认真对待网络舆论引导工作，主要表现为网络舆论的表达和与之相关的政府回应。网络舆论的表达尽管存在问题，但对推进我国现代化进程是有益的。政府的回应则是网络舆论引导的重点。公众希望政府能满足自身利益诉求，网络的出现正好满足公众利益表达的需求。与传统媒介相比，网络具有匿名性、便捷性等独特优势。公众更愿意选择这种平台进行意见的表达。政府如不能制定出符合社会公共利益的政策性产品，那么公众就很难给予政府以认同和支持，从而引发政府自身的信任、形象危机。而网络舆论的应对，也就成为政府重塑网络形象的必然选择。

政府形象实际上是一个由政府诸要素相互联结而形成的完整形象系统，诸多要素之间表面上看似互不相干，但实质上却是相互联系和相互作用的，存在着严密复杂的耦合关系，由此生成的政府形象系统便表现为相关因素的有机组合，具有某种结构、功能特征和一定的运行机制。它的构成内容既包括物质与精神层面的因素，又包括宏观与微观层面的要素。政府形象系统并不是静止不变的，它在与外界环境的交互作用中不断发生着动态变化，它既是政府自身运作的外在呈现，又是政府与社会公众双向互动的结果。政府形象良好与否主要取决于其各个构成要素的特征及各要素之间能否协同配合。政府形象系统中的任何一个子系统发生了变化，都有可能影响政府整体形象最终呈现出来的面貌。有关政府形象的构成体系，国内学者有多种提法。从政府形象的内在结构来看，“政府价值、政府行为和政府的产品与绩效构成了政府形象的基本内在结构”③。而多数学者则

---

① 胡宁生．中国政府形象战略（上册）［M］．北京：中共中央党校出版社，1998：55-56.

② 廖伟建．谈谈政府形象的构成与传播［EB/OL］．（2007-6-25）［2021-03-24］．http：//www.chinapr.com.cn.

③ 胡宁生．中国政府形象战略（上册）［M］．北京：中共中央党校出版社，1998：58.

将政府形象的构成系统划分为三种：政府的理念系统、行为系统和识别系统。

（一）政府的理念系统

价值理念是长期的文化积淀的产物，为人们的行为评价提供了参照标准，它内化为人类的信仰，是引导人类行为方向的重要力量。从这个意义上讲，政府的价值理念可以视为政府决策及其他活动的指导原则，其主要职能是“作为决策和行为的决定因素和指导方针”①。而从深层次的理论意义上讲，政府价值理念的作用主要在于其对政府合法性和有效性的伸张。政府合法性是政府权源得以证明为正当的理由，也是政府存续和发展的重要力量。它既包括风俗习惯等传统要素，又包含民主契约等现代因子。政府的有效性则要求政府能够树立一种重视效益的价值体系，政府通过它对自身的管理行为进行成本—效益分析，并根据分析结果确立最终的行动方向，这有利于政府简化决策过程，减少执行成本和交易成本。政府价值理念在政府形象的生成和确立过程中居于核心地位。政府形象是社会公众对政府总体表现的主观评价，当政府价值理念能够契合社会公众的认知和追求，即一个国家拥有为社会所普遍认同的价值理念时，那么政府便容易得到社会公众的正面评价，并凭借其良好形象与社会公众结成亲密的组织关系。

从纵向的历史发展上看，政府倡导的价值理念仅在得到社会广泛认同后，才能成为支撑政府形象的有效力量。因此，政府在择取价值理念时，往往要求它在范围和内容上能够契合公众的需求。具体表现为：范围上，价值理念必须具有包容性，能够反映社会共同的普遍利益，能够公平对待少数派的利益表达；价值理念不宜动辄变动，但是追求该目标时可以灵活运用不同的工具手段②。从内容上看，政府价值理念主要包括政府的价值目标、法治观念、道德信仰和文化认同等。它使政府组织与其他社会组织以及其他国家和地区的政府形式区别开来，呈现出独特的形象风格。例如，价值目标决定政府行为的总体方向，法治观念决定政府行为的范围，道德信仰决定着政府对公共权力的使用方式以及对社会公共利益的认知，文化认同则决定着政府对政治文化的态度。当以上内容的政府价值体系能够符合社会公众的公共利益时，那么政府的良好形象便极有可能得到社会公众的普遍认同。

（二）政府的行为系统

政府权威形象的树立既依赖于政府的价值理念，又依赖于政府职能的实际发挥。政府履行其职能的具体行为，例如政策制定、政治协调、政治监督，都是在

---

① ［美］弗里蒙特·E. 卡斯特，詹姆斯·E. 罗森茨韦克．组织与管理：系统方法与权变方法［M］．李注流，译．北京：中国社会科学出版社，1985：31.

② 胡宁生．中国政府形象战略（上册）［M］．北京：中共中央党校出版社，1998：52-54.

向社会公众展示其自身的形象。

政府行为是政府运用公共权力践行政府理念的具体表现，同时也是社会公众认知政府形象的主要依据。政府行为在现实社会中具有多种表现形式，而在众多的政府行为之中，政府的政策制定对于政府形象的塑造具有重大的影响。作为政策制定者，政府将通过民主决策和科学决策树立政府的良好形象。所谓民主决策，是指政府在制定政策、法规时，要充分发扬民主，广泛听取群众意见，严格执行规定程序：集体讨论决定社会生活中的重大问题。为达到上述目的，政府应不断拓宽公众的利益表达渠道，并有效地解决公众所关心的社会问题。因为“好政府并不仅仅是各种观点相互竞争的论坛，也不仅仅是人民不满情绪的回音壁：它是要求实际地解决问题的。一个好的民主政府不仅要考虑它的公民的需求（即，它是回应型的），而且要对这些要求采取有效的行动（即，它是有效率的）”①。而科学决策则主要是指政府科学地寻求并实现其预定目标的过程。政府要科学地进行决策，除必须遵循法定程序和民主程序外，还必须符合科学决策程序，即明确主要问题，确定决策目标；全面系统地分析矛盾，制定多种备选方案；明确正确的综合评价的具体准则并进行综合评价，作出正确的决断；通过试点不断地完善决策；等等。作为政策执行者，政府机构及其工作人员按照社会认可的行为规范来执行政策，将是政府能否树立良好形象的关键。政府通过民主决策和科学决策制定了正确的政策，但是执行时却背离了社会公众认可的行为规范，那么政府仍然无法树立起良好的形象。只有制定的科学、合理的政策得到了严格执行，才能保证政府形象得到公众的认同。在日常社会中，政府行为能否得到公众的认同，主要是以政府绩效来衡量的。政府绩效是指政府在社会管理活动中的结果、效益、效能，是政府在行使其功能、实现其意志过程中体现出的管理能力。政府绩效主要涉及如下四个问题：政府提供公共物品的能力；政府提供公共物品的数量和质量；政府提供的公共物品满足社会需求的程度；政府提供公共物品的效率，即政府在提供公共物品时，需要投入的资源或花费与最终获取的收益之间的比率。任何一个政府组织如果有能力提供公共物品，并且能够花费较少的成本提供该公共物品，而所提供的公共物品在数量和质量上均能满足社会公众的需求，那么就意味着这个政府组织具有较高的管理绩效，较为容易树立良好的形象。

（三）政府的识别系统

政府的识别系统往往需要借助一系列识别标识向社会公众呈现自身的形象。

---

① ［英］罗伯特·D. 帕特南. 使民主运转起来：现代意大利的公民传统［M］. 王列，赖海榕，译. 南昌：江西人民出版社，2001：72.

这些识别标识包括文字、图案、色彩、建筑物和雕塑等视觉符号，似乎不具有任何的政治属性，但它们实质上是蕴含着政府理念的。只要以一定的方式组合起来，它们可以转换成特定的政治符号，如国旗、国徽、国歌、政治领袖的肖像等，而这部分的政治符号在社会生活中都起到了强化政府权威形象的作用。实际上，政府正是利用它们向社会公众准确、清晰地传达政府作为公共管理角色的理念和行为的特征，使社会公众能够使用政府提供的公共服务并配合政府的管理工作。

三、塑造政府形象的影响因素

政府形象的塑造，一是表现在政府施政行为方面，其态度和施政结果是政府行为的重要内容；二是表现在公众认知方面，政府行为是政府形象形成的“因”，社会公众对政府的印象评价是“果”，公众认知则是影响政府形象的重要因素；三是表现在媒介传播方面，从政府执政行为来看，其理念和政策需要被公众所认知，而认知则依托相应的传播媒介。本书旨在探究政府形象塑造受新媒体环境的影响，以及分析新媒体环境下的地方政府如何利用自身传播和公众传媒构筑政府形象。

政府形象塑造主要有以下几个要点：一是服务型政府。服务是政府的天职。要致力于提供公平公正、优质高效的公共服务，重点落实政府在公共服务领域的职责，把精力、人力和财力向搭建平台、营造环境、提供公共产品转移，树立服务型政府的形象。要牢记全心全意为人民服务的宗旨，大力宣传和强化“以人为本、民生优先”的理念，摈弃“以 GDP 为中心”的观念，纠正“重经济指标，轻公共服务”的倾向。二是诚信政府。政府诚信是指政府管理机关对法定权力和职责的正确履行程度，或者说是一种践约状态，这一形象在公众中有着更为直接的认知，也是当前网络舆情折射的一个焦点，即公信力问题。为建设广大公民心目中的诚信政府，要依法行政，有法可依，有法必依，执法必严，违法必究，特别注重司法公正，增强对公众的诚信；要深化体制机制改革，明确职责权限，开展绩效评估，建立健全行政问责体系，增强政府机构内部的诚信；要进一步加强公务员队伍建设，完善培训机制，切实提高素质，减少“害群之马”。三是阳光透明政府。这是媒体时代对政府提出的基本要求。新闻媒体本身具有“阳光、目光和激光”的作用，将政府行为亮在“阳光”之下，聚焦于群众“目光”之中，进而通过舆论监督实施“激光”手术。为树立阳光透明的形象，政府在决策时要问需于民、问计于民，在了解实情、掌握第一手材料的基础上科学决策。在执行中，要公开透明，依法办事，吸引群众参与，主动接受群众监督。在检验时，要突出实效，看政策和工作是否符合实际，是否达到效果，并通过媒体向社会公布。四是效能政府。效能政府是指机构和人员少而精、具备高效率和高效能的政府。社会化媒体的快速发展，对政府提高效率和效能提出了更高要求。为此，要推进大部制改革，以政府职能转变为核心，健全部门之间的协调配合机制，提升政府的公共行政效能和水平。要加快社会工作、应急管理等改革，充实部门人员和力量，完善工作流程机制，切实提高社会管理水平。在应对和处理突发事件时，尤其要快速反应，公开信息，以最快的速度和最佳的组织，最大限度地保护和挽救人民群众生命财产不受损失①。

政府形象塑造一般借助于各种传播渠道、方式以及全体公务人员的工作实际表现，把形象目标直接呈现给公众。它是形成良好政府形象的关键因素。它的重点在于强调政府为塑造良好形象而采取的即时行为和有效回应，其中包括政府在理想政府形象目标引导下而体现出的政府施政的战略选择、政府治理的总体承诺、政府运作的高效透明、政府施政的公正廉洁等多项内容。政府的施政战略选择是指政府基于社会整体发展的需要而从宏观、中观与微观层面确定的政治规划。宏观层面的战略选择主要体现为政府确定的总的施政路线和大政方针，中观层面的战略选择则体现为政府根据区域差异而确定的区域发展战略与规划，微观层面的战略选择是指政府为实现总的发展目标而制定的实施策略与政策。如果政府的大政方针能够反映社会共同的普遍利益，那么它便容易得到绝大多数人的拥护与支持。这类政府在社会公众心目中具有良好的形象，往往能够产生巨大的号召力。政府的施政战略选择是影响政府形象的核心要素，政府施政战略是否科学、合理，直接决定着政府承诺能否实现、政府运作能否高效以及政府施政能否公正等内容。

政府治理社会的总体承诺是政府向公众承诺要实现的职能目标，它与政府的能力密切相关。政府职能代表着政府应然实现的内容，至于能否实现，主要取决于常态环境下政府自身能力的强弱。政府除非有能力完成自己的职能目标，践行其对社会公众的承诺，才能获得更多的公信力。同样，政府及其工作人员除非真正履行了施政的总体诺言，才能在社会公众心目中树立起诚实可信的形象。政府运作的总体效率是指政府给公众提供的公共产品的质量和社会服务的水平，其实质是指政府的管理绩效。在现代社会，公众会通过各种方式向政治系统输入自己的意愿和要求，作为政治系统核心要素的政府组织必须尽量满足这类不断增长的需求，而要做到这一点，政府需要努力提升自身的能力，并科学合理地规划和利用自己的能量和资源，从而确保政府能够有序而高效地运转。

政府运作的透明是指政府体系的所有活动（如决策施政、提供资讯、社会

① 刘勋．新媒体时代下泸州市政府形象塑造对策研究［D］．成都：西南交通大学，2018.

服务及利益和资源的分配）以及政府所掌握的个人与公共信息（除了必须保密以及涉及个人隐私的部分外）向社会公开。政府透明是杜绝“暗箱操作”的有效手段，也是治愈腐败痼疾的一服良药。可以说，政府高效透明是政府形象的生命。如果政府不能高效透明运转，政府的战略实施就极有可能是低效或无效的。

政府施政的公正廉洁是指政府及其工作人员在社会管理和服务中坚持合理、公正、廉洁原则，在运用公共权力时务必遵循宪法和法律的规定，决不允许将个人权威凌驾于法律规范之上。一旦发现公职人员为牟取私利滥用权力的现象，就必须对其依法予以惩罚。社会发展的资源总是有限的，因此政府在对社会资源进行权威性分配时，必须依照法定程序，尽量照顾社会各阶层的普遍利益，对弱势群体的利益予以补偿，这就要求政府在行使公权力的过程中必须做到严格执法、廉洁奉公。政府的公正与廉洁是政府形象的基础要素。政府公正廉洁施政既是杜绝政府腐败的重要举措，又是提高政府运作效率的重要保证。政府施政时能够做到廉洁公正，其战略目标才可能得到公众的支持与认同。如果政府及其公职人员将私利放在首位，以权谋私，贪污腐败，那么其既不能管好自己，也不能管好社会，甚至会为腐败风气推波助澜，公众就会不相信政府，政府的形象就会遭到削弱。

政府形象的塑造还与公众的主观认知能力有关。任何一项政府行为的施行都要考虑其所对应的公众对象，其施行方式和活动范围往往取决于后者的整体素质。就政府形象塑造而言，它要求公众普遍具有一些共同、健康的心理要素。第一，公众具有政治参与热情。政治尽管主要指政府对资源的权威性配置，但是公众在政治活动中并不处于被动的地位。而从根本上来说，恰是公众的参与活动在推动历史的发展。公众必须保持对公共事务的关注，积极地参与政治活动。一旦公众对公共政治活动产生长期的疏离感，不再热情参与政治活动，那么公共事务的良善治理将难以实现，而政府的合法性也会令人质疑，政府良好形象的塑造更无从提起。第二，公众倾向于信任政府。社会公众对政府实际运作的认同是政府良好形象得以树立的一个重要因素。这种认同意味着，公众在对政府可能运用公共权力牟取私利保持警惕的同时，需要具有对政府的基本信赖感，相信政府在法定的范围内会致力于通过公共物品的供给保障公共利益。

四、政府形象塑造与治理的必要性

（一）政府权威的形成要求加强政府形象塑造

在人类社会中，权威是一种普遍的社会现象，它是人类社会存在和发展的必要条件。自从人类社会产生后，权威便出现了，它广泛存在于社会生活的各个领域，并被赋予多种称谓，例如政治权威、法律权威、政府权威等。权威强调某一个主体通过自己的影响力使对象服从的能力，其本质特征是一方对另一方意志的强制性或自愿性服从。从这个意义上讲，政府权威可以理解为政府在运行过程中获得的公众对自己意志（价值理念）的服从关系。这种服从关系分为两个方面：一方面，如果公众对政府的价值理念是认同的，那么他们对政府制定的法规、政策会自觉、自愿地服从，即主动地贯彻执行政府制定的法规或政策；另一方面，如果公众对政府的价值理念不认同，但是由于政府是暴力工具的合法垄断者，它会利用国家强制力对公民进行压制，那么公众在行动中仍然有可能需要被动地服从政府制定的法规或政策。在政府的实际运行过程中，这两种服从关系在政府演变的历史上都是存在的。

传统理论有关政府权威的来源大致有四种观点：一是暴力论，认为政府对暴力工具的合法性垄断是政府权威的来源，因为政府可以通过军队、警察和监狱等暴力工具震慑社会公众的反抗或强迫其服从；二是继承论，认为政府权威源自政治统治者对传统的继承或血统的纯正；三是契约论，认为政府权威源自社会成员同意基础上的权利让渡，这是现代民主社会普遍认可的一种观点；四是魅力论，认为政府权威源自政治领导人超凡脱俗的人格魅力，马克斯·韦伯称之为“魅力型的统治”，在这种统治情况下，人们将因为“信赖默示、英雄主义和楷模榜样”而服从具有魅力素质的领袖个人①。

现代政治学理论强调政府权威与建立在政府有效性基础上的良好政府形象之间的密切联系，认为政府权威的形成需要加强政府形象的塑造。首先，良好政府形象有助于树立政府的威望，而政府拥有了威望，便可以得到社会公众的信任、爱戴和支持，政府的方针、政策就能在社会公众自觉积极的参与下顺利地推广和实施，政府工作的目标实现就获得了根本保障。相反，一个政府组织如果不能树立自己的良好形象，便会逐渐失去权威，而政府制定的法规和政策也将难以得到社会公众的自愿服从和执行。再或者政府形象窳劣，那么政府将受到社会公众的强烈反对，以致权威完全丧失，统治权力被彻底剥夺。其次，良好的政府形象有助于增强政府的号召力。号召力是一种召唤力量，它是人们在心理上的顺从与自觉的行动。政府如果拥有良好的形象，那么公众就会对政府制定的政策、下达的指示予以坚决服从和认真执行。有号召力的政府，特别适合解决危机情境下的社会难题，因为它能动员社会公众参与危机的协同治理。相反，政府如果没有良好形象，得不到公众的普遍认同，就会逐渐丧失号召力，无法动员社会公众为了公共利益采取任何的集体行动。再次，良好的政府形象有助于提高政府的凝聚力。

① ［德］马克斯·韦伯．经济与社会（上卷）［M］．林荣远，译．北京：商务印书馆，1997：241.

这种凝聚力主要体现为一种吸引力和向心力。就政府内部而言，良好的政府形象能够使政府机构的工作人员获得高度的荣誉感和成就感，因此其必然会努力提高工作绩效以维持这种正面评价优良的政府形象，这构成了政府权威得以提升的强大内驱力。就社会公众而言，良好的政府形象能够增强社会公众对政府的向心力，公众会愿意与政府通过协作达到公共事务的良善治理的目的。相反，若政府不去努力树立自身的优良形象，公众便会对政府产生疏离感，这将危害到政府权威的积聚，也会使国家权力面临空心化的危险。

（二）政治秩序的维系需要加强政府形象塑造

政治秩序是政治社会在运行过程中，其内部各个方面或各个子系统之间保持的一种相对平衡、稳定和协调的状态。这是政治社会运行的一种理想状态，在更多的时候，尤其是社会转型期，政治社会实际上往往处于一种失序的状态。

政治腐败即公共权力的非公共使用，是造成政治失序的一个重要因素。从特定意义上讲，这种权力腐败是现代化进程中的副产品。在从传统社会向现代社会转变的过程中，经济的市场化确立了个人利益，促进了经济的发展和物质财富的增长。但是，由于市场经济体制的不完善，也出现了经济活动的无序现象。加之权力制约机制的不健全，经济活动的无序性又会渗透政治领域。

廉洁政府就是公共权力被用来为公共利益服务而不牟取私利的政府。建设廉洁政府具有重大意义。首先，建设廉洁政府有助于政府充分发挥维护社会公平正义的职能，保障公民权利。腐败的政府及其官员将会加剧社会的不公平现象，从而侵犯公民的合法利益。其次，政府的廉洁与否直接关系到政治合法性和社会的政治稳定。政治合法性或正当性是指人们内心对政治权威和政治秩序的自觉认同。现代政府的政治合法性是建立在人民主权、社会契约的思想基础之上的。按照现代政治合法性的思想要求，政府的公共权力应当用来增进公民权利和公共利益，而政府腐败却是以权谋私，这会导致公众的不满甚至反抗，因此，建设廉洁政府是保持政治合法性和维护政治稳定的迫切需要。再次，政府的廉洁与否还直接关系到政府行政能力的强弱，直接影响到经济社会的全面协调、可持续发展。腐败会严重削弱政府的科学民主决策能力、执行能力和监督能力。腐败会导致资本外流和投资扭曲、资源配置效率下降，以及收入分配机制社会调节功能的弱化。政府的廉洁与否影响到整个社会风气，官员的行为对整个社会具有示范作用，如果政风不正则整个社会的道德风尚也会出现蜕化。腐败会扭曲向上的社会流动机制，导致社会分层结构的劣变。最后，政府廉洁与否还直接关系到国家的国际竞争力和国际影响力。国际竞争力是一个国家在世界范围内的竞争实力。国际竞争力由多个部分组成，例如经济竞争力、文化竞争力、科技竞争力、军事竞争力等等。在和平环境下，国际竞争力主要以一个国家的经济竞争力为核心。政府应向本国经济主体提供优质的公共服务，不断提升经济实力，从而维护自身在国际政治舞台上的独立地位。而一旦政府腐败，即政府机构及其工作人员以公权侵占社会利益，各经济主体将逐渐丧失扩大生产的动力，致使国家的经济发展速度趋于滞缓，整体实力受到很大的影响。国际影响力指的是一个国家对另一个国家的作用力，它既取决于一国的经济、科技和军事等有形的硬实力，也取决于一国的发展战略、文化理念等无形的软实力。一个廉洁的政府会在处理国内和国际公共事务的过程中，强调政府公共服务的价值理念。这有利于赢得国内公众和国际舆论的信任和支持，从而使政府保有良好的国内和国际形象。

（三）政治社会化需要加强政府形象塑造

政治社会化具有两个方面的含义和内容：一方面，从社会成员个体的角度讲，政治社会化是一个人通过学习和实践获得有关政治体系的知识、价值、规则和规范的过程，通过这种学习和实践，一个自然人转变成为一个具有一定政治认知、政治情感、政治态度和政治倾向的政治社会人；另一方面，从社会整体的角度讲，政治社会化是一个社会将政治文化（普遍的政治知识、价值、规则和规范等）通过适当的途径进行广泛传播的过程，通过这种传播，社会中人们所具有的政治认知、政治情感、政治态度和政治倾向便可传授给新一代社会成员。从本质上来说，政治社会化是政府主导下的文化传播过程。政府决定公众通过政治社会化所获得的政治知识的大致范围，但是公众作为政治社会化的客体，并不只是被动接受官方宣扬的主流政治文化，它可以通过其他的途径主动获知政治知识并将其内化为自身的信仰，从而实现政治社会化的目的。

良好的政府形象在政治社会化过程中起到了巨大的推动作用，主要表现为：一是良好的政府形象有助于主流政治文化的传播。政治社会化主要功能是通过传播政治系统的主流政治文化，培养社会公众的政治认知、政治情感、政治态度和政治倾向。主流政治文化一般是政府认可并宣扬的价值理念和意识形态，这种文化是否代表了社会的发展方向将是公众接受它的决定因素，不过政府形象也能够影响公众对这种文化的接受程度。因为政府一般将主流政治文化视作核心的执政理念，当政府能够以良好的形象呈现在社会公众面前时，也间接说明这种主流文化具有一定的科学性，因此容易被社会公众所接受。二是良好的政府形象有利于维护社会稳定。政治社会化通过政治文化的传播，将增进公众的文化认同，促进社会的稳定。在这个过程中，政府的良好形象起到了很大的作用。政府的理念如果能够与公众认同的文化相一致，政府的行为能够符合社会认可的规范，那么政治社会化的结果将会提高政府的合法性，而政府的合法性则反过来要求政治社会化的深化进行。

第二节　网络传播对政府形象的影响

网络社会的崛起给政府形象治理创造了新的条件。网络舆情具有“速度快、情况急、强度大、治理难”等特征以及不同的类型，在无形中增加了政府治理难度，直接影响到政府形象。而政府形象的优劣也会影响网络舆情治理效果的好坏。在网络舆情中，政府形象治理需要三个基本条件：一是政府的价值理念和行为实践；二是媒体的参与和影响；三是公众的认知和评价，即政府形象治理的主体为政府、媒体和公众。政府网络形象治理是个复杂的过程，治理活动包括塑造、传播和治理三个环节，其模式为双向互动模式或协商模式。基于两个不同的治理模式，政府形象治理的具体路径也会不同。

一、网络舆论为政府形象塑造提供契机

网络舆论还可能为政府形象治理活动提供契机。这是因为网络舆论所受到的关注是广泛的，而且是没有地域限制的，所以它会给政府创造一个庞大的受众群。与此同时，政府通过治理网络舆论还可以提升自身的行政管理水平，增加危机治理经验，进而从根本上提高和巩固政府的良好形象。具体言之，网络舆论对于政府形象治理所起到的积极作用可以从下述几个层面进行认识：

（一）提高政府的公信力和权威性

虽然网络舆论会在一定程度上破坏政府的合法性、权威性、公信力及形象，但是政府如果通过合理的方式治理好它，那么在治理过程中政府的公信力和权威性也能相应得到提高。与此同时，我们还知道在网络舆论发生之后，全国的社会公众都会密切关注政府的一举一动，如果政府在应对过程中出现了任何纰漏，那么这些纰漏就可能给政府引来全国公众的指责和批评。反之，如果政府在应对危机的过程中有条不紊、按部就班地展现出临危不乱的治理能力，那么全国公众也会对它赞赏有加，形成对该政府的良好印象。所以，政府治理网络舆论的过程还是一个重塑政府形象，提高政府公信力和权威性的过程。

（二）快速传播政府的良好形象

网络舆论将政府推至风口浪尖，使政府成为全国公众同时关注的对象，毋庸置疑，这是对政府工作的特殊考验。但是，从另一个角度来讲，这种举国关注的时刻也会在侧面给政府治理和传播自身形象提供机会。在互联网中，对网络舆论

的关注主要来自三类主体：一是普通网民，二是媒体，三是公共知识分子。其中，普通网民普遍关心的问题是危机事件的解决情况以及政府的回应态度，他们的共同特征是容易受到群体情绪的感染，具有一定的从众心理。第二，媒体关心的问题是公众的注意力，因此他们在引导公众舆论的同时又在迎合公众的声音。另外，还有一类特殊的关注者是公共知识分子。相对于普通网民和媒体，公共知识分子关注问题的视角比较多元，除了事件相关情况之外，可能还会对网民、媒体的言论进行观察，他们的发言比较专业和深刻。尽管三类公众的关注视角各有差异，但是他们对政府的治理行动会保持相对一致的注意。因此，政府如果能够妥善地处理它所面临的网络舆论，那么就有可能获得社会公众的认可，给他们留下一个办事有章程、有效率、有效果的好印象。

（三）督促政府发现并解决问题

网络舆论反映的问题是公众对政府存在的质疑和不满，通常会有具体的指向，比如是对政府办事效率的不满、对政府腐败官员的同仇敌忾等。网络舆论在曝光政府问题的时候，还会形成督促政府解决问题的舆论力量，监督政府解决问题。不仅如此，当一个网络舆情危机爆发后，除当事政府外，其他地方政府也能从中获得启示，从而起到“防患于未然”的作用。事实上，网络舆论的真正价值并不在于它对于个体所起到的“打破重构”作用，而是它能够用自身的影响力引起社会的广泛关注，迫使政府及社会力量重视某个问题，并对它加以解决，从而推动整个社会向前发展。因此，对于掌握着丰富社会资源的政府来说，网络舆论所产生的机会和积极意义，是它对所有政府的预警作用，使政府在伤痛中不断适应社会的发展变迁，保持生机活力。

（四）提高政府办事效率

网络舆情危机爆发突然、时间紧迫，要求政府的应对工作必须又快又准，否则就可能导致政府错失应对良机。前文已述，网络舆情具有“速度快、情况急、强度大、治理难”四个突出的特征：“速度快”要求政府对事件的反应要快；“情况急”要求政府的应对工作要“急”中有序；“强度大”强调政府首先要有担当的态度；而“治理难”则要求政府应协调好各种利益关系，推动危机良好解决。如果一个政府能够在网络舆情中做到这些要求，那么它的办事效率将会得到提高，特别是应对突发事件的效率。

二、网络舆论对政府形象构成的影响

所谓网络舆论治理是指政府在危机意识或危机观念的指导下，对可能发生或者已经发生的舆论危机事件进行信息收集、信息分析、问题决策、计划制订、措施制定、控制协调、经验总结的系统过程[①]。网络舆论治理对政府形象塑造具有双重功能。在网络舆论治理过程中，政府不但应当看到它给政府形象塑造活动造成的挑战，而且还应注意它在政府形象塑造、传播与治理过程中的积极作用。同理，政府形象对于网络舆论治理也具有双重作用：一方面，良好的政府形象能够推动网络舆情的妥善解决；另一方面，欠佳的政府形象可能阻碍网络舆论治理，甚至加剧危机状态。因此，辩证地认识“网络舆论治理”和“政府形象塑造”这对矛盾关系，是政府应对危机和塑造自身形象的关键。网络舆情归根结底是政府的一种信任危机、言论危机。如果政府对它置若罔闻、敷衍应对，那么将演化为政府的合法性危机。在这里，网络舆论给政府形象塑造造成的威胁分为以下几个方面：

（一）网络舆论破坏政府的公信力、合法性和权威性

第一，网络舆论会降低政府的公信力。政府公信力是指公众对政府在社会治理、政策执行、决策能力等方面的政治认同，是公共机构及其官员的权威性与社会影响力的外在映射。它包括公众对公共权力的信任和公众对现有政治制度的遵从、执行两个方面[②]。政府的公信力来源于两个层面：一是政府自身的高超的施政水平，二是公众对政府的认可、信任和支持。并且，后者是建立在前者的基础之上。网络舆情的出现具有一定的破坏性，它所具有的本质特点（上文已述），给政府应对工作造成极大的考验，要求政府在短暂的时间内作出反应，妥善处置危机。而在一定程度上，危机的紧急程度会影响政府行政水平的发挥，稍有不慎，政府就可能陷入紧张的危机旋涡，使其正常的能力和水平都无法得到展现，从而让社会公众产生失望情绪，令自身的公信力减弱。

第二，网络舆论威胁政府的合法性基础。“合法性”简单地讲就是指“正当性”，所以政府的合法性就是指政府施政的正当性，包括合乎法律性和合乎民意性。在安德鲁·海伍德看来，政治的合法性就是把赤裸裸的权力转化为正当的权威的一种特性，它赋予某种秩序，一旦这拥有某种权威的、有约束力的品性，他就有了使别人出于义务而非恐惧所产生的遵从的能力[③]。政府取得合法性需要借助这些强制手段。而卢梭的看法却不太一样，他认为政府只有建立在“民意”的基础上才是合法的[④]。无论政府通过何种方式取得合法性，它都会是政府发展的根基。而网络舆论会反映社会公众对政府的不满情绪，有时候甚至是对抗与敌

① 张恩韶．网络舆论危机下当代中国政府形象塑造［D］．上海：华东师范大学，2011.

② 王君君．当政府公信力遭遇塔西佗陷阱：当下中国网络社会的公信力反思［J］．广州大学学报（社会科学版），2014（3）：5-9.

③ ［英］安德鲁·海伍德．政治的常识［M］．李智，译．北京：中国人民大学出版社，2014：135.

④ ［法］卢梭．社会契约论［M］．李平沤，译．北京：商务印书馆，1982.

视。假使政府对这些公众意见视而不见或置之不理，那么等到事态进一步严重的时候，它们就会成为破坏政府合法性的祸首。

第三，网络舆论还威胁着政府的权威。政府权威的功用在于，它能够为个人提供一种社会认同感和安全感；但同时，它也有可能会妨害自由。从一定程度上讲，我国政府权威在应对突发事件、国际事务时产生了积极作用，特别是在大的灾难面前，政府利用自身权威可有效地整合社会救助力量来抵御灾难，从而保障人们的生命财产安全。需要注意的是，网络舆论中暴露出来的公众对政府的不满情绪，将直接威胁政府的权威，使政府置身于信任危机当中。

（二）网络舆论给政府制造传播困局

一般而言，网络舆情危机有一个爆发前奏，那就是某个危机事件或突发事件发生后，网民会陆续通过微博、微信关注事件发展。在这段时间内，网络舆论针对的是事件本身，而非政府的行政危机。不过，随着事态的进一步发展，这些危机事件或突发事件的舆论矛头可能会指向政府，演化成对政府的网络问责。通常情况下，一旦一个网络舆情危机爆发，它就会很快地通过互联网进行传播，形成“一边倒”的舆论效应，从而对政府形成压力，并且还会使整个网络传播环境不利于政府的信息传播。在这里，致使政府深陷这种艰难的传播局面的原因可以归结为三点：一是网民的从众心理和逆反心理。在网络空间当中，网民个人很容易受到他人情绪的感染，当看到一些负面的言论时，他们的情绪就容易被牵动起来并附和这些负面的言论。同时，当媒体在报道政府的某些好的行为的时候，许多网民由于逆反心理作祟，会从负面对这些内容进行解读，从而也会形成负面舆论占领信息通道的现象。二是互联网中媒体的功利性本质。今天，许多互联网媒体为了生存下去而不得不展开对流量的争夺，归根结底，这种争夺主要体现在对受众关注度的竞争上。为了博取受众的关注，互联网媒体往往会采取各种浮夸、失衡的新闻报道方式来报道政府的负面形象，进而达到哗众取宠的效果。而互联网媒体的这种行为会在很大程度上引发政府网络舆情危机的发生和发展，并给政府传播信息造成障碍。三是政府的发声滞后，丧失发言先机。如今，在互联网中决定谁的发言更有作用时，除了发言者自身的权威之外，关键还在于时效。也就是说，当网络舆情危机爆发之后，谁第一时间站出来发出声音，谁就有可能获得更多的注意。然而，政府往往受制于自身庞大的组织系统和复杂的工作流程，常常会使自己失去发言的先机，让负面舆论占了上风，导致不利于自身的传播环境产生，最终影响到自己与受众的信息互动。

（三）网络舆论放大政府的问题与不足

网络是一个相对自由的言论场，里面充斥着各种言论。由不同的网络言论所产生的政府网络舆论具有不同的传播效果。笔者认为网络言论可以分为三类：一是事实言论，二是情感裹挟的言论，三是失实的恶意言论。在网络舆论中，这三种言论并行存在。第一，事实言论反映的是公众对于事件的客观的态度和认识，简单地说就是“就事论事”。这类言论的产生是由于政府的失职或不当行为促使的，它能够从现实中找到一定的事实依据，因此由这类言论构成的网络舆论应当受到政府足够的重视。第二，情感裹挟的言论是指公众发出的意见和声音会依循一定的事实，但并不是那么客观、公正，往往带有个人偏见。由这类言论造成的政府网络舆论十分常见，几乎所有的网络舆论中都会有这类言论的存在。政府对这些言论的首要态度应当是引导它们朝着理性的方向发展，而不是进行简单粗暴的删帖。第三，由失实的网络言论引发的政府舆论危机，实质上它是一种恶意攻击。在互联网中，我们经常会发现许多毫无理性和客观性的言论，它们的存在不是建立在事实的基础上，而是以发言者个人的情绪为基础。政府对于这种言论，应当给予正面回应，摆出事实依据，使其不攻自破，而不能听之任之，使其进一步破坏政府的形象。网络舆论当中的公众言论，在一定程度上会反映出政府自身存在的问题和不足，这对于政府来说是个自我审视的机会。

三、正面的政府形象将引导网络舆论

政府形象与网络舆论治理密切相关。当政府形象表现为正面时，它将能推动网络舆论的治理；当政府形象表现为负面时，它将对网络舆论治理造成阻碍。政府拥有良好的形象说明它具有较高的社会公信力和权威性，能够有效地抵御各种社会风险，为社会公众提供优质的服务。

第一，拥有良好形象的政府能够稳定民心，为解决网络舆论问题争取民意支持。政府形象的构成离不开社会公众对政府理念、行为效果的认可和评价。如果一个政府已经具备了良好的形象，那么在一定程度上就表明它获得了社会公众的认可和支持。正面的政府形象反映的内容是，政府具有较好的行政绩效，能够较好地协调和处理各种公共事务，推动政治、经济、社会和文化等全面发展，为公众提供优质的公共服务，在行政、施政的过程中做出有利于人民的事情。因此，政府通过一定方法建立良好的形象后，就成了社会公众信赖的对象，而当它置身于网络舆论中的时候，社会公众也倾向于理解它、支持它。

第二，拥有良好形象的政府能够赢得主流媒体的好感，为其信息发布和危机传播提供宣传支持。主流媒体在整个舆论危机中的作用表现在两个方面：一是对政府的信息内容进行收集、选择、加工、制作和呈现，为普通公众提供新闻消息；二是对民意、舆情进行监测、解读和表现，向政府反映公众的声音、意见和态度。简言之，主流媒体在整个网络舆论传播中，担任了“上传下达”的角色。由此可见，它们对于政府的危机应对工作具有关键作用：一方面，它们要把政府的指令、策略、行动计划传播给公众；另一方面，它们还要负责把公众的意见呈现给政府，从而帮助政府制订合理的应对计划。在实际活动中，主流媒体在报道中表现出的细微的情感倾向，都会影响公众对政府的认知和评价。因此，政府和主流媒体保持良好的关系，对政府开展危机应对工作大有裨益，而这个过程中政府原先的形象就发挥了很大的影响功能。当政府具备良好的形象、获得主流媒体好感的时候，政府治理网络舆论就会变得容易一些。

第三，正面的政府形象是政府行政能力突出的体现。一个拥有良好形象的政府，其行政能力必然会十分突出，它在面临危机的时候作出科学决策的可能性会更大。在网络空间中危机比比皆是，这就要求政府需要具备丰富的危机处置经验和高超的危机治理能力来应对各种突如其来的问题。良好的政府形象代表了公众对政府能力的认可，特别是对政府抵御社会风险能力的认同。因此，当网络舆论爆发之后，拥有良好形象的政府具有更大的把握治理好危机。

四、负面的政府形象将阻碍网络舆论的治理

在网络舆论当中，政府的形象不佳主要表现在政府的公信力不足、办事效率不高以及策略不当等方面，它们会给政府的治理工作带来以下阻碍：

（一）使政府产生信任危机

社会公众对政府的信任，是政府的一笔宝贵的财富。“政府信任”是社会公众对政府的支持和信赖情况。当政府给公众留下“值得信赖”的印象时，它是受人欢迎和支持的；反之，政府可能会面临信任危机问题。政府的信任危机主要表现为政府的“塔西佗陷阱”，也就是政府无论说什么、做什么都会被当作是在干坏事。公众信任与政府形象直接相关，政府的形象表现为不佳时，政府就陷入信任危机；反之，社会公众对政府就更信任。在网络舆论当中，这种现象更加明显。特别是当政府一贯的形象都比较糟糕时，公众对于政府所做的一切都会产生怀疑，质疑政府的动机是否在使坏；而当政府站出来治理问题的时候，公众往往也会表现出极不情愿的样子，不愿配合政府工作。归根结底，造成社会公众对政府不信任的原因，正是政府过去的负面形象。

（二）助长网络谣言的传播

在许多学者看来，网络谣言无处不在。造成谣言大肆传播的两大因素有：一是人们对信息的偏颇接收，二是真相不明、权威信息不足。在第二点中，权威信息主要是指官方信息，包括政府通告、通知、文件、会议纪要、新闻发言等，以及官方媒体、主流媒体对前面那些内容的发布。如果一个政府的形象不佳，那么就意味着它可能在信息传播和公共关系方面都做得不够，而这就会影响到政府信息传播活动。再加上目前各级政府所共同面临的公信力逐渐丧失的问题，公众对

政府发布的信息存在较多的疑虑，这就进一步加速了谣言扩散。与此同时，谣言的普遍存在是政府信息传播不力的结果。如果政府拥有一个畅通无阻的信息通道，并且很好地将其用于和公众之间的互动交流，那么政府就可能及早地发现公众的疑虑和担忧，及时地对公众产生的疑问做出回应，进而把网络舆情危机制止于萌芽期。

（三）削弱危机应对的效果

当网络舆情危机发生后，政府回应的速度决定了它能否掌握主导权。一般情况下，如果政府对舆情危机能够快速作出回应，尽早地回答公众的提问，那么它就可能在整个事件中占据主导权，引导网络舆论走向正面。相反，政府如果对公众的疑问迟迟不作回答，任由负面舆论在网络中发酵和蔓延，那么当它反应过来的时候，自身已经处于被动的位置，被不利的舆论牵着鼻子走，失去舆论主导权。帮助政府赢取主动权的一个重要砝码就是政府自身的良好形象。

第三节 政府网络形象的塑造

当今社会，政府形象的塑造过程离不开政府、媒体和公众的共同参与，缺少了其中的任何一方，政府形象都难以塑造起来。因此，政府形象构成包括三个主要条件：一是从政府的角度出发，包括政府的价值理念与行为实践；二是从媒体的角度出发，包括媒体的参与及作用；三是从公众的角度出发，包括公众的认知和评价。同时，三大构成条件还产生了三种政府形象呈现状态：其一是政府力图呈现的形象，又称为政府形象理想状态；其二是政府的媒介形象；其三是公众所认知的政府形象。从理论上讲，三大条件在政府形象的塑造过程中，始终以动态发展的形式存在，并且两两之间处于互动交流的状态。

一、网络舆论中政府角色

在网络舆论当中，政府扮演着复杂的角色。第一，它是网络舆论的受害者，也是治理者；第二，它是信息的管理者、公开者；第三，它是政府形象的塑造者和治理者；等等。政府扮演角色的效果对政府形象建构产生决定性的作用，直接影响它在媒体和公众眼中的形象。一旦其中一个角色扮演不好，政府就可能陷入更加危险的境地，使自身形象愈加受到损害。在网络舆论中，政府扮演的角色大致体现在以下几个方面：

（一）政府是网络舆论的管理者

政府是网络舆论的管理者，这是毋庸置疑的。在如今的互联网时代，任何一个现实社会中的危机事件都可能会转化为网络舆情危机，并对政府的工作形成考验。换言之，无论现实社会还是网络社会，无论出现的是何种危机，只要它在某一层面关系到政府，那么政府就可能会受到公众的质疑。一般情况下，网络舆情危机的发生和发展遵循着这样一条规律：首先，是某一具体事件发生后，政府参与事件处理，同时网络“直播”整个事件的处理过程；其次，由于某些原因，政府的处理态度、处理办法或处理效果引发网民不满，使网络舆情逐渐酝酿；再次，是更多的网民参与讨论，对政府的行为产生怀疑和对抗，进而导致网络舆情危机全面爆发。从整个爆发的过程来看，网络舆情一般是由某个现实事件引发的政府问题，并且，从现实事件转化为网络舆情危机的过程具有惊人的转化速度和破坏力。同时，在这个过程中，政府的能动性也是很强的，拥有很多机会维护和治理自身形象。政府对网络舆论的管理，主要从两个方面入手：第一是政府对现实社会中的危机事件进行有效处置，包括评估危机范围和影响、制定危机应对策略、执行危机应对方案、评估应对效果、总结危机教训等；第二是政府解决网络舆论中包含的重要问题，例如回答网民的提问、公开相关信息等，政府通过召开网络新闻发布会、在线答复、建立信息公开平台等方式及时对网络舆论作出回应。

政府是网络舆论的管理者，其内涵包括了政府运用自身的能力和所掌握的资源对危机进行应对，体现出政府的能动作用。政府的能动性包括占领危机传播的主导权、有效引导网络舆论以及控制自身形象等方面。然而，从现实层面来看，网络舆论给政府制造的应对环境就十分不利于政府发挥这些能动性。网络舆论跨越了现实和网络两大空间，具有复杂多变、关系盘根错节的特点。政府在其中不仅要承受外界带来的诸多压力，还要克服不利条件转危为安，及时应对和处理可能发生的问题。也就是说，在网络舆论的治理过程中，政府不但要直面自身所处的困境，接受被公众责难的事实，而且要积极地分析和研究危机的方方面面，并对它加以解决。

（二）政府是信息的主要公开者

政府是信息的主要公开者，一方面是因为政府掌握着权威信息，它有能力对社会上的虚假信息进行辟谣，传播准确而真实的信息；另一方面也因为政府是舆情危机的治理者，它如果不在第一时间疏通信息传播通道，那么就可能会让谣言占据信息通道，为政府信息传播活动增加阻碍。政府对信息进行公开，在一定程度上可以减轻自身的压力，因为当公众知道真相的时候，他们关注的焦点可能就会发生转移，例如，由了解事件真相转到关注事件解决，这样便给政府的应对工作创造一定的机会，让社会公众看到政府的实际行动。

（三）政府是政府网络形象塑造和治理的执行者

政府是其形象塑造和治理的执行者，在形象建构过程中具有很大的能动作用。当网络舆情危机爆发之后，全国各地的媒体和公众都会对涉事政府的行为动作保持高度关注，如果政府能够妥善处理危机，有效引导舆论，那么它就可能获得媒体和公众的支持。反之，如果政府的危机处理方案没有有效解决问题，对网络舆论围绕的问题没有进行回答，那么它就可能给媒体和公众留下一个欠佳的政府形象。建构一个正面的政府形象关键在于政府的作为，在网络舆情危机当中政府的态度和行为决定着最终的危机处置效果，也决定着政府的最终形象。一般情况下，一旦网络舆情危机爆发，就会对政府形象造成一定程度的损害，政府就需要对这些损害进行治理，甚至对政府形象进行重塑。

政府治理或重塑自身形象除了要厘清自身的问题之外，还要注意和外界进行沟通，打通对外传播的信息通道，特别是要疏通和媒体、公众的双向沟通渠道，使三者在同一个维度上平等对话。政府是其形象塑造和治理的执行者，还强调政府在整个过程中的能力问题，包括政府的信息管理能力、信息传播能力、突发事件应对能力以及组织协调能力等。政府在信息方面的管理能力和传播能力，是政府与外界沟通的主要能力体现，缺失了这两个能力，即使政府有再好的行为表现，也无法让公众广泛知晓，也很难在公众心中形成一个正面的政府形象。

二、政府价值理念必然体现于政府网络形象

政府价值理念是政府形象的灵魂和内核，决定着政府的行为。政府建构什么样的形象，直接取决于政府以什么样的价值理念来开展工作。一个政府的价值理念需要同它的环境系统的价值理念保持一致，也就是说要与它的社会公众所认同和期许的价值观保持一致。对此，刘小燕将政府的价值理念解释为，它能够体现或者代表一个社会的公众哲学①。政府的价值理念是一个复杂的体系，它包括政府的价值观念、发展目标、角色定位、道德观念、文化认同、审美观念、法制意识等。政府是一个特殊的组织机构，它拥有自己独特的价值主张，并且还将之贯彻到政府的一切行为活动中。政府价值不仅需要获得政府机构内部人员的认同，而且还要受到它外部公众的一致肯定。政府价值可以分为很多个不同的层次，在曹劲松和费爱华看来，它是由理想价值、实践价值和行为价值三个方面构成②。其中，理想价值反映了政府所追求的希望、理想和目标，它是政府价值体系的核心，它统摄着实践价值和行为价值。一般情况下，在政府形象的建构中，政府的价值层次之间不是完全割裂的，而是一个相互联系的系统，影响政府形象的构成。更加具体地说，在实践当中，政府的价值理念主要体现在政府的形象定位上。

---

① 刘小燕．政府形象传播的理论框架［J］．现代传播，2005（4）：48-50.

② 曹劲松，费爱华．政府形象传播［M］．南京：江苏人民出版社，2012：18-20.

关于政府的形象定位，我国很多学者提出了自己的看法。例如，李和中和杨雅琳提出政府形象塑造的八大目标：高效政府形象、服务政府形象、法治政府形象、透明政府形象、诚信政府形象、廉洁政府形象、亲民政府形象、合作政府形象①。周晓丽强调，政府应塑造责任政府形象，政府形象必须建构在一个义务本位、责任本位、服务本位和规则本位的行政文化土壤中，使有责必究、有过必惩成为各级官员的惯例②。曹劲松提到，政府要以责任铸就形象，体现责任政府定位；以诚信树立形象，体现阳光政府定位；以人为本塑造形象，体现服务政府定位；以智慧提升形象，体现有为政府定位；以效率改善形象，体现效能政府定位等建议③。从这些学者的研究中我们可以看出，对于不同的政府，它的形象定位可能不同，但是一些基本的价值观念还是相同的，比如政府要遵从法治、责任、诚信、高效等。

在网络舆论中，政府形象所体现出来的价值重点更加突出某些价值理念。具体来讲，政府在应对网络舆情危机的时候，需要更加注意这些价值要素的体现：其一，责任的政府。网络舆情危机爆发之后，社会各个方面都处于相对混乱的状态，公众需要政府第一时间出来平息网络舆论，回应社会公众的诉求，承担起社会责任。如果政府在这个时候逃避自身的责任，那么它就会给公众留下一个懦弱、无能的形象，就会失去公众的信任和支持。其二，高效的政府。高效是现代政府的标志，也是其追求的目标，它体现出政府的办事能力。在网络舆情危机当中，政府的办事效率决定了危机应对效果。网络舆情危机的爆发速度和蔓延速度都相当快，留给政府的应对时间非常紧迫，如果政府没能掌握应对的时机，也没有快速有效地解决危机问题，那么政府就会给公众留下“反应迟缓”“消极应对”“拖沓懒散”的印象，为其后续的工作安排增加阻碍。其三，透明的政府。政府工作透明、信息透明，是政府自身的价值理念同公众的要求相结合的结果，它是政府形象的重要内容之一。在网络舆论中，系统环境对政府透明提出了更迫切的要求，因为此时公众急需政府公开有关工作，获取权威的信息内容。其四，法治的政府。网络舆论大多涉及法治问题，而在20世纪末，我国已经把建设法治国家作为一项基本任务确定下来。法治形象是政府的一个基本形象，在网络舆情危机中更应该得到体现。这是因为，在网络舆情危机爆发之后，公众会要求政府对某些失职的组织、机构、部门、人员进行依法处理，而不能走形式主义，更不能搞特殊化，这既是公众追求公平正义的体现，也是公众对他们的政府的基本要求。

---

① 李和中，杨雅琳．公共危机下政府形象的塑造［J］．湖北社会科学，2010（11）：27-29.

② 周晓丽．论公共危机中政府形象及其重塑［J］．重庆社会科学，2006（2）：114-118.

③ 曹劲松．政府新闻传播中的形象设计与塑造［J］．现代传播，2009（1）：28-30.

三、政府行为直接影响到政府网络形象

在政府形象的构成过程中，政府做什么远比政府说什么重要。观察政府行为是公众感知政府有效与否的直接途径。今天，对于政府的所作所为，公众都能够通过亲临现场或媒体报道的方式很好地认识和了解，并形成对政府的评价和认知。可以说，政府行为是政府形象构成的主要推动力。一个政府要想塑造正面的形象，首先应当保证自身的行为优良，即自身行为要符合社会公众的期许和要求。而在具体的操作中，政府需要做到科学决策、民主治理、高效廉洁、依法行政等，才能在公众心中形成正面的政府形象。曹劲松等人认为政府的行为包括多个层面，如政府决策、政府执行、政府控制和政府绩效[①]。本书依据这种划分方式，分析不同的政府行为对政府形象的影响。具体如下：

（一）政府决策对政府形象的影响

决策是国家行政机关在法定的权责和职能范围内，按照一定的程序和方式而作出的处理国家公共事务的决定。胡宁生认为，政府决策的合法性及其质量的高低，对社会和公民的影响最为直接，也最易显性化，因此构成了社会即公民对政府形象作出价值判断的主要参照变量[②]。政府的决策和企业的决策不一样，政府的决策所牵涉的范围很广，它关系到社会公众的普遍利益，往往牵一发而动全身。如果政府的决策出现失误，那么将会寻致严重的后果，不仅会对自身的形象造成极大的损害，还会影响社会公众的切身利益，所以，政府在行政过程中必须加强对决策环节的重视，而不能够掉以轻心。政府在决策的过程中，要使社会公众相信，无论是社会组织还是个人，他们的利益都能够被体现在决策当中，以此来争取他们的支持。政府的决策往往体现的是政府工作指示和目标，它对政府形象所起到的影响是直接的。在网络舆论当中，政府所做的工作部署和决定，都会影响到社会公众对政府的评价，因此政府仔细衡量和考虑社会各方面的利益显得非常重要，而获取社会公众的支持也成为政府决策过程的重要考虑因素。如果政府在决策过程中出现失误，那么将可能引发政府和社会公众之间的矛盾，使政府的危机应对工作举步维艰。

（二）政府执行对政府形象的影响

政府的根本要义在于执行，离开政府执行，政府的组织、决策、领导等因素的作用都无法体现[③]。政府执行是检验政府决策正确与否的方法，而执行的效果

① 曹劲松，费爱华．政府形象传播［M］．南京：江苏人民出版社，2012：22.
② 胡宁生．中国政府形象战略（上册）［M］．北京：中共中央党校出版社，1998：492.
③ 曹劲松，费爱华．政府形象传播［M］．南京：江苏人民出版社，2012：28.

直接关系到公众的利益。我国政府一般把增加社会公平、提高效率和服务水平、提升公众的满意度和认可度、增强社会责任感作为追求的目标。政府执行要求政府依法行政，而依法行政的核心是规范行政权力。具体来讲，就是政府要依照法律、法规履行其职责和义务，按照法律程序行使权力，对于违法乱纪的现象要用法律的手段来加以解决。政府执行不当主要体现在政府办事方式不合情理，以及工作程序不合规范等方面。

（三）政府控制对政府形象的影响

政府控制主要体现在两个方面：内部控制和外部控制。内部控制是指对政府内部的机构、部门、官员实施行为管束；外部控制是指对政府决策、政府执行过程的管理，确保政府行为是按照法律和法规的规定进行。政府控制要达成的目标，是建设一个阳光、透明、廉洁和法治的政府形象。在网络舆论当中，政府控制所产生的影响是显著的，因为当危机爆发之后，政府的一言一行都会受到公众的关注，特别是政府处理危机的方式、政府官员在整个过程中的表现等，均会成为网民重点关注的内容。与此同时，政府在危机事件中暴露自身问题的可能性也会更大，所以需要十分注意对自身内部行为的控制。

（四）政府绩效对政府形象的影响

政府行为的最终评价是政府绩效①，通过提升政府绩效所建立起来的政府形象符合公众的利益。政府绩效是指政府通过行使公共权力、履行自身职能、促进社会进步、实现公民福祉的能力、水平和效果②。简言之，政府绩效是政府效率和效益的统一，是衡量政府形象的重要指标。政府绩效之所以成为政府形象的直接影响因素，是因为政府绩效的构成要素均和社会公众的切身利益高度相关。曹劲松和费爱华把政府绩效划分为三个方面：一是经济绩效，二是政治绩效，三是社会绩效③。第一，经济绩效强调的是政府在经济发展中的作用，一定要推动国民经济的健康发展，确保社会财富分配合理公正；第二，政治绩效强调政府要维持一个稳定的政治秩序，保证政治决策的合理性与科学性，维护行政管理体系的有序运转；第三，社会绩效强调社会秩序的稳定和谐，政府能有效供给公共产品，维护社会公平正义④。在发展的过程中，政府如果能够取得良好的绩效，那么它便可能获得更多的社会公众的支持和信任，从而建立良好的自身形象；反之，如果政府的绩效低下，甚至不能满足社会公众对政府的要求和期待，那么政府在公众心中的形象就会受到影响。

---

① 曹劲松，费爱华. 政府形象传播［M］. 南京：江苏人民出版社，2012：31.
② 曹劲松，费爱华. 政府形象传播［M］. 南京：江苏人民出版社，2012：32.
③ 曹劲松，费爱华. 政府形象传播［M］. 南京：江苏人民出版社，2012：32.
④ 曹劲松，费爱华. 政府形象传播［M］. 南京：江苏人民出版社，2012：32.

第二章　网络媒体对政府形象的影响

网络媒体作为当前信息传播的主渠道，对政府的作为、理念进行重新解读、编制和报道，向更多的受众传播政府的网络形象。同时，网络媒体也对公众的反馈意见进行过滤和筛选，然后公开呈现给政府、公众。网络媒体在政府形象的塑造中，直接连接政府与公众。一方面，它通过网络议程设置的功能，对公众关于政府形象的认知产生影响；另一方面，它也会用同样的方式在政府了解民意、引导网络舆论的过程中对政府的决策形成影响。可见，网络媒体在政府网络形象的传播和塑造过程中占据着重要地位。而不同属性的媒体对于政府网络形象的影响具有很大的差异。根据新闻生产的方式不同，笔者将现有的媒体划分为两大类：一类是公众网络传播媒体，包括传统的报纸、电视、广播及其新闻客户端、新闻网站、官方微博、微信等，它们的共同特点是制作新闻的方式相对科学规范，按照一定的制作流程和标准来进行信息加工处理。另一类是网络自媒体，即公众个人的微信、微博、空间、服务号等，主要是指个人的媒体，而不包括新闻集团的官方微博、微信，也不包括支持它们运行的媒体平台，如新浪微博、腾讯微博、百度贴吧等，更不包括个人控制的媒体集团。

第一节　网络传播推动政府网络形象的塑造

一、公众传媒对政府网络形象的影响

一般情况下，新闻集团拥有着强大的传播能量，这不仅是因为它们所辖媒体具有多样化的形态，能够辐射广泛的受众群，还因为它们对信息的筛选、加工、处理和推送环节都具有完善的管理办法和管理体系，能够使生产的新闻具有良好的社会传播效应。在政府形象的生成过程中，新闻集团的传播起到了至关重要的作用，它们通过新闻选题策划、新闻报道、新闻评论等方式对公众的认知态度形成影响。

（一）新闻选题策划对政府形象建构的影响

新闻选题策划是通过对新闻资源的开发和配置，实现最佳传播效果①。新闻选题策划与新闻策划不同，前者是立足于基本的新闻事实信息，而对事实信息进行报道方案设计、报道力量组织、运行机制设定、接收信息反馈和报道方案修正的过程；而后者的概念是策划新闻事实，其职责不在于反映和报道事实，而是媒体“制造”新闻。新闻选题策划需要依循新闻事实、受众需求和传媒条件进行综合考虑，报道的内容要突出重点和亮点，有范围、有步骤、有节奏，还要不断地根据反馈信息而调整报道计划。一个精心策划过的新闻题材，对于新闻事实的传播起到增效的作用。在突发事件的报道中，媒体能够通过新闻选题策划来实现对政府形象的建构作用。具体来讲，当网络舆情危机发生之后，媒体能够根据自身情况，对事件进行报道规划，以体现出自身的特色。这个工作往往发生在新闻消息公开发表之前。

（二）新闻报道对政府形象建构的影响

所谓新闻报道，就是以表现事实、评价事实等多种手段，向社会介绍被媒体意识消化的事实②。新闻媒体通过向社会公众传播新闻内容，而对他们产生影响。由于媒体所发布的新闻都是被意识化后的内容，因此，新闻内容就是新闻生产者的情感的最直接体现。事实上，不同媒体对于同一个事件的报道也会由此出现很大的差别。比如，报道的篇幅、内容和结构会体现出媒体的态度。在政府形象的传播中，如果新闻从业者倾向于友好地对待政府，那么就可能报道出政府好的、正直的一面，从而在无形中帮助政府起到形象宣传的功用；相反，如果新闻从业者对政府的印象不是很好，那么报道中可能就会出现一些挑剔政府不足的地方，从而对政府形象起到一定的破坏作用。除此之外，媒体还用典型报道来帮助政府建构形象。所谓典型报道，就是指新闻媒介选择事实、强调新闻事实社会意义的报道方式，多表现为经验新闻、先进人物新闻③。典型报道的主要功能是宣传，即为了起到宣传推广的作用，而在同类事物中选择典型的事例进行报道。典型报道的功能和政府形象塑造的目标内在吻合，政府通过媒体报道它在某方面的典型事迹，从而达到宣传自身正面形象的目的。

（三）新闻评论对政府形象建构的影响

新闻评论是指对新闻现象、事件和具有新闻性的问题进行评论。新闻评论是

---

① 谢金文．新闻与传播通论［M］．上海：复旦大学出版社，2006：287.

② 刘建明．现代新闻理论［M］．北京：民族出版社，1999：134.

③ 刘建明．现代新闻理论［M］．北京：民族出版社，1999：142.

新闻媒介的灵魂和旗帜，具有很大的影响力，一般被放在醒目的位置[①]。新闻评论对于政府形象的影响十分突出，这是由新闻评论的特征所决定的。概括地讲，新闻评论具有新闻性、公众性和思想性三个基本特征。首先，新闻评论的新闻性决定了评论的时效性。它主要是对最近发生在政府身上的事情进行议论。其次，公众性既圈定了评论的读者群，也阐述了评论的基本出发点，这就与政府形象的公众认知相吻合。最后，思想性决定了评论的社会影响力。如果评论是在褒奖政府的行为理念，那么将可能使政府的正面形象得到很好的传播；如果评论是在问责政府的工作职能或质疑政府的行政能力，那么将可能使政府的形象受到损害。在网络舆论事件中，新闻集团所属媒体的评论一般会受到公众的广泛阅读和传播，而评论中所表现的政府形象也会随之被公众看到，进而在一定层面上影响公众的认知和评价。因此，新闻评论对于政府形象的传播有着扩大效果，要么提升政府的正面形象，要么促进政府负面形象的形成。

二、自媒体对政府网络形象的影响

自媒体专指网民个人的媒体，它强调的是在新闻生产或者新闻传播的过程中个人所起到的作用。不同于新闻集团的传播性质，自媒体所发布的信息内容仅代表个人的观点、看法和态度。虽然在互联网中，网民的观点具有雷同的趋势，微博等自媒体也可能将“志同道合”的人聚集在一起，但是只要是基于个人的想法而产生的个人传播行为，都应该被涵盖进自媒体传播的范畴。自媒体传播对政府形象构成的影响非常显著，主要来源于两个方面的影响：

（一）个人传播体系对政府网络形象的影响

随着互联网的快速发展，大量新兴的自媒体不断涌现，为网民表达个人意见、传播个人观点提供极大的便利。今天，像微博、微信、贴吧、空间等社交应用，已经成为普通公众日常生活的必备工具。通过这些应用，人们向自己周围的人分享着各自的心情和活动。可以说，网络已经不再是一个虚拟空间，而是现实社会的延伸，承载着人们的思想，管理着人们的人际关系和交往活动。在网络中，我们发布着现实生活中经历的、看到的、想到的事情，然后建立属于个人的传播体系和社会关系。个人传播体系是指建立在互联网应用之上的个人分享行为。互联网的出现促成了许多交互应用和社交平台的崛起，而围绕这些应用所产生的用户之间会产生信息分享行为。在互联网中，每个人都有机会搭建自己的传播体系，各类社交平台都是他们的传播工具。利用这些传播工具，个人分享他们的日常活动及心得，而粉丝会是他们此时的观众。不仅如此，由于这些应用都具

① 谢金文. 新闻与传播通论 [M]. 上海：复旦大学出版社，2005：293-294.

有分享功能和互动功能，因此在同一个平台上还可以实现粉丝之间的互动，而不同平台之间还有链接分享功能。所以，在互联网中人人都是传播者。

当网络舆情危机爆发后，社交媒体起到的传播力量不容小觑。第一，他们会通过发微博、发状态的方式，第一时间传播关于某一事件的新闻，形成现场目击的效果；第二，他们会通过转发、评论、点赞等方式，参与话题讨论，从而形成强大的舆论场效应。在自媒体崛起的当下，政府形象建构的成败与其密切相关。一方面，通过自媒体的传播，政府的善言善行会被更多的人知道，进而得到更多公众的认可；另一方面，通过同样的方式，政府的不当行为也会暴露在更多的人面前。所以说，网络自媒体对政府形象的建构作用是显著的。

（二）网络意见领袖对政府网络形象的影响

所谓网络意见领袖，是指以互联网为平台的新型人际传播网络中，经常为网民提供信息、观点或建议，并对网民施加影响的人①。网络意见领袖又被称为网络舆论领袖，他们活跃在互联网的各个贴吧、论坛、空间和社区当中。个人要成为网络意见领袖需要满足两个条件，一是他的影响力，二是他的声望。首先，网络意见领袖的影响力来源于他们的 ID 影响力和发帖影响力两个层面，其中前者是指意见领袖的 ID 发帖对于所在社区或平台的影响，后者是指他们发布的单个内容所产生的传播效果，究竟能够多大程度地吸引他人前来阅读和点评。其次，网络意见领袖还应该具有一定的声望，也就是他们要有一定的粉丝，并且获得他们的评价。不管是正向的还是负向的评价，一般而言，网络意见领袖的声望越高，他们的观点也越容易被广泛传播。网络意见领袖对政府形象建构所起到的作用，主要是通过影响他们的粉丝的观点和态度来实现。在网络中，一个出色的意见领袖必然拥有强大的粉丝群，以便为他的发言找到广泛的听众。网络意见领袖的价值在于他的粉丝数量，而从本质上讲，这是在强调自媒体的属性，即人和技术的结合。网络自媒体的内涵，不仅包括了信息发布的技术平台、内容最终的呈现形态，还包括了它的使用者，并且强调的核心价值是围绕使用者而形成的内容发布形式和内容扩散形式，以及由此形成的网络群体结构、在此基础上形成的网络社区。而网络群体和网络社区是能够对政府形成结构性压力的新的社会现象。今天，互联网中的意见领袖已经不再是单纯的用户个人，而是以个人为中心的网络名人传播，诸如罗辑思维（罗振宇的个人脱口秀）、快刀洪七（网络红人）等热门公众号，其实它们早就不再代表作者本人，而是代表着他们背后的运营团队，以及关注他们公众号的所有粉丝和用户。所以，这里的网络意见领袖强调的不再是个人的作用，而是以个人为核心的草根传播形式。在政府形象的塑造和传

---

① 高胜宁．网络意见领袖沟通法则［J］．国际公关，2010（1）：70-71.

播的过程中，如果网络意见领袖们利用自身的威望和影响力而发布关于政府的信息，那么不管这个消息大小如何、重要与否，都可能会被粉丝们看到、讨论和转发，也会在一定程度上对粉丝形成影响。同时，随着网络意见领袖的粉丝数量的增加，以及意见领袖影响力的增长，个人传播体系对于政府形象的传播效果也会越来越显著，要么有助于政府正面形象的塑造和传播，要么不利于政府形象的建构和管理。总而言之，意见领袖的传播能力是不可估量的。

三、传播方式对公众认知的影响

政府的形象传播模式分为三种类型：一是单向灌输模式，二是双向互动模式，三是多元对称模式[①]。三种传播模式对公众的认知影响起到了不同的效果。而对应这三种传播模式所形成的公众认知模式有：片面认识、相对全面认识和全面认识。

（一）单向灌输模式对公众认知的影响

政府对公众单向灌输信息引发公众对政府的片面认知。单向灌输模式认为，政府作为唯一的传播主体，通过自己完全掌握的媒介系统，不断自上而下地重复、宣传某些观念，从而达到在传播受体中建立、提升政府形象的一种传播模式[②]。单向灌输模式强调了政府在整个传播过程中的主宰地位，而所有的外在传播条件都要受政府控制。该模式夸大了政府的能力，同时也忽视了公众的主观能动性。单向灌输模式具有几个特点：其一，它认为政府具有全能性，能够完全地掌控整个社会的传播资源，进而使政府可以对信息的流向进行控制。其二，它认为通过宣传和重复的传播方式，可以在公众心中植入理想的政府形象，即认为传播具有强大效果。其三，它忽视了公众的主观能动作用，也忽略了公众的信息反馈，因此容易引起公众的强烈不满。由此可以看出，单向灌输模式可能发生在政府威权时代，但是它已经不再适应当下的政府形象传播活动，而在此模式之下，公众对政府的认知具有片面性。

（二）双向互动模式对公众认知的影响

政府和公众之间的双向互动，使公众对政府的认识相对全面。双向互动模式弥补了单向灌输模式的短板，它增加的受众反馈机制使政府形象的传播活动更接近科学，该模式承认政府的有限性、媒体的中介性和公众的能动性，因此能够使政府和公众、媒体保持良好的双向沟通状态。双向互动模式受到公共关系思想的影响，它所强调的内容是政府也是一个特殊的组织，需要和它的社会公众保持良

① 曹劲松，费爱华．政府形象传播［M］．南京：江苏人民出版社，2012：49-88.
② 曹劲松，费爱华．政府形象传播［M］．南京：江苏人民出版社，2012：49.

好的沟通关系。在政府形象的构成过程中，双向互动模式所起到的作用是让政府和公众同时扮演了塑造者的角色，不仅使政府能够对自身的传播活动进行管理和控制，还能吸引公众参与政府形象的建构活动，因此是当下最常使用的模式。在该模式之下，公众的传播主体地位被凸显，公众的认知和反馈意见得到政府的重视，因此公众对政府的认识会比单向灌输模式全面一些。不过，双向互动模式所忽略的问题在于，它把政府形象的构成过于简单地归结为政府和公众的共同作用，而忽略了复杂的社会体系对二者的影响。

（三）多元对称模式对公众认知的影响

在开放的社会系统中，公众从多个角度对政府形成的认知相对客观和全面。多元对称模式强调，在一个开放的社会系统中，政府形象的传播主体不仅有政府和公众双方，而且还有媒体。在这里，媒体的作用不再是“喉舌”和“传声筒”，而是作为具有独立思维的政府形象传播主体。多元对称模式认为，政府、公众和媒体是处于一个平等的、开放的平台参与对话，政府形象的构成是三者共同协商的结果。因此，多元对称模式具有以下几个显著的特征：第一，政府形象的传播主体具有多元性，政府、媒体和公众三者在政府形象的传播过程中都具有深刻的影响。第二，政府形象的传播活动发生在一个开放的社会环境中，信息公开和透明是协商发生的前提。第三，三个传播主体之间的地位平等，没有优劣之别，才能促成对话。在多元对称模式下，公众对政府形象的认知不是简单的图像组合，而是从形象的核心层面对它进行认识，也就是说公众的价值理念和政府形象所阐释的价值理念完全保持内在一致，公众对政府具有很高的忠诚度，政府在公众心中拥有良好的形象。

而网络传播方式包括了公众传播、人际传播和组织传播。一方面，网络传播系统覆盖了三大传播体系。互联网给三大传播方式提供新的技术支持和新的传播平台，使三大传播方式在网络中有了新的发展。比如公众传播的代表——报纸，它在网络中也有它的表现形式——电子版、微信、微博，受众从网络渠道获取报纸的信息内容，其实就是一次网络传播活动。所以说，互联网延伸了三大传播方式的传播空间。另一方面，网络传播不能等同于三大传播，不能粗暴地认为网络传播就是把公众传播、人际传播、组织传播照搬到网上。这是因为，互联网除了给三大传播方式提供空间之外，还将自身的一些特性加诸传播活动中，因此丰富了传播的内涵。例如，在微博上，报纸的官方微博能够直播某会议现场，并实时与粉丝发生互动，而这些东西是人们在报纸的电子版上所看不到的。网络传播具有两层意义：一是对传播方式的创新，由原来的固定版面向更为活泼的多媒体转变；二是对用户价值的真正认可和尊重，由原来单向传播向与用户互动、重视用户体验转变。在网络舆论传播过程中，政府形象传播活动必然离不开网络传播，而网络传播的主体非常丰富，包括政府、传统媒体、新兴媒体、个人、团体等，通过他们的意识加工，政府会产生相应的传播形象。

第二节 网络传播中政府形象的治理

在互联网时代，政府的公信力面临挑战，主要是由于不同阶层的需求不同，多元化、多样化是公众诉求在网络传播中的特点。在公众媒介时代，公众诉求的传播方式较单一，类型也不多。政府能集中解决公众诉求，也会强化政府公信力。而互联网时代的公众诉求传播方式及内容皆多样化，政府如不能及时、有效地解决问题，其形象难免会受损。网络媒体特别是社交媒体（如微信、微博等）传播速度快、传播范围广，政府的某些负面消息一经暴露就会迅速地传到公众耳中，会对政府的网络形象产生负面影响。随着经济社会的发展，深层次的社会风险也会加大，网络传播能将社会突发事件迅速呈现给公众，各种谣言、流言、危言充斥网络，易引起群体极化现象。如果政府不能及时、有效地预测和应对社会风险，使公众的安全感提高，那么不仅会对政府的公信力造成影响，也会损害政府的网络形象。可见，政府的网络形象治理包括两方面的内容：一是治理的目标，二是治理的方法。设定政府形象治理的目标需要具体问题具体分析，政府形象受损了什么就治理什么，政府形象哪里不好就弥补哪里，而不是对政府形象进行全盘否定。政府形象治理的方法，是为了达到治理目标所采取的手段，政府应当合理地配置资源，然后有计划、有步骤地实施形象治理行为。

一、政府形象治理的目标

建立政府形象治理的目标体系，离不开对政府形象塑造时的原始目标进行梳理。在很大程度上说，政府形象的塑造目标也是其治理目标，这是由政府形象定位所决定的。政府形象定位是政府形象建构的总目标，在实践过程中，政府按照自身定位而对自身形象进行塑造。我国学者王剑敏和闻曙明认为，民主、高效、创新、廉洁和法治是当前我国政府的共同定位①。

由于在网络舆情危机中，政府形象会随着政府的应对行为而发生一定的改变，政府反应的态度、速度、程度和效度会影响到它的形象体现。首先，政府的

① 王剑敏，闻曙明．新时期政府形象建设探析［J］．苏州大学学报（哲学社会科学版），2004（2）：28-33.

反应态度影响着政府责任形象、透明形象和诚实形象的塑造。因为政府在应对过程中能否及时出来承担责任，公布相应的事实信息，这是政府应对态度的体现。其次，政府的反应速度影响政府高效形象的塑造。危机发生和发展的速度很快，政府能否快速地对它作出回应体现了政府的办事效率。再次，政府的反应程度影响政府法治形象和民主形象的塑造。政府对危机中的关涉主体进行依法处置，听取社会民意，接受公众监督，体现它以人为本和依法行政的理念。最后，政府的反应效度影响政府服务型形象和有效性形象的塑造。政府对危机进行治理，需要协调各方利益、合理配置资源，而这个过程对政府的服务性和有效性都会提出更高要求。可见，政府形象治理目标可以分为下列几个方面：第一，维护政府的责任形象；第二，维护政府的透明形象；第三，维护政府的诚实形象；第四，维护政府的高效形象；第五，维护政府的法治形象；第六，维护政府的民主形象；第七，维护政府的服务型形象；第八，维护政府的有效性形象。这些政府形象治理目标之间的排序会根据其被破坏的程度而得到相应的调整，被破坏程度最大的是政府进行治理的首要目标。

二、政府形象治理的方法

李华君曾对网络舆情危机中政府形象的治理路径提出三个方案，分别是价值重塑、事实治理和对话沟通。他认为，价值重塑应当立足于网络舆情危机时期形象恢复与形象塑造双重任务，树立“服务型政府形象”的价值目标；事实治理立足于网络舆情传播即时性等特点，建立全面、系统的危机传播管理体系；而对话沟通立足于网络舆情传播的公共话语空间，提升政府的沟通能力，建立形象传播的对话体系①。在网络舆论中，政府形象的治理主体是政府，它掌握着主动性。在具体的治理环节中，政府可以从行为纠正和理念重塑两个维度入手。

（一）行为纠正

政府的行为包括很多层面，如前文提到的政府在网络舆论中的四大行为：危机预警、危机应对、危机控制和危机总结，它们在政府的形象修正环节中同样具有作用。当网络舆论对政府形象造成损害之后，政府首先要找到使形象发生偏离的原因，分析它属于政府哪个层面的行为，然后再对政府行为作出调整。例如，政府对网络舆论的反应，属于政府危机应对层面的行为。而政府形象破坏与政府反应直接相关。当网络舆情危机发生之后，政府会面临巨大的压力和挑战。如果政府对危机的反应够迅速、够全面，那么它将会获得社会上正面的、肯定的评

---

① 李华君．网络舆情危机中政府形象修复的影响维度与路径选择［J］．现代传播，2013（5）：69-72.

价。但是，如果政府对危机无反应或乱反应，那么它将获得负面的、否定的评价，从而致使自身形象遭受破坏。当然，政府行为纠正还包括政府传播，即政府利用传播系统向公众公开调整后的行为活动，保持与公众的沟通。因此，政府的行为纠正也是一个动态活动。

（二）理念重塑

在网络舆论当中政府形象被破坏，有可能是由政府理念不当造成的，比如政府消极应对、无视公众的要求等。对于这种原因造成的政府形象受损，治理的方法就要追溯至政府理念的确立环节。在网络舆论中对政府形象进行治理，首先需要检查政府理念是否符合社会发展和社会公众的普遍要求。

三、政府形象的治理模型

政府形象修正过程是一个循环往复的过程。在危机爆发之后，政府首先要收集公众的意见和评价，然后将它们同政府形象预期效果（政府形象静态效果）作对比，这时候会有两种结果：第一，公众对政府形象的认知效果和政府的预期效果发生偏离，此时就要对政府形象进行修正；第二，公众认知效果和政府形象预期效果无明显差别，表示政府形象未受到明显损害。我们通过对比发现，如果需要对政府形象进行修正，那么工作步骤分为四步：第一步，确定政府形象治理的目标，包括上文提到的八大形象目标；第二步，选择合适的治理路径，包括行为纠正和理念重塑两个部分，需要根据政府的实际情况进行选择；第三步，将治理后的政府形象重新放到传播系统，观察公众对它的反应，再次收集公众的意见和评价；第四步，如此再重复上面的环节，直到治理后的政府形象达到理想的效果为止。

（一）政府形象建构的双向互动模型

双向互动模型强调政府和公众在建构中的主体地位，将媒体作为他们互动的手段和方式。这个模型的特点是政府和公众处于两端，中间由传播系统将他们连接起来，从而形成一个循环的闭合系统。公众形成的认知和评价，反过来又通过传播系统向政府进行反馈，而在这个过程中媒介也会根据自身的情况，对公众的认知进行加工和再现，因此政府所获得的公众反馈也是媒介意识化后的产物。

（二）政府形象建构的协商模型

协商模型和双向互动模型有所不同，它将政府、媒体、公众三者都看作是政府形象的建构主体，他们通过互相交换意见而对政府形象起到影响。这个模型的特点是公众、政府和媒体都具有人格特征，三者的地位平等。在这个前提之下，政府、媒体和公众既是信息扩散的起点，又是信息流向的终端，他们可以自由地从信息平台中获取他们想要的信息，同时也可以将自己的态度、意见等输入信息系统中。在信息系统中存在三个及以上的意见集合，他们互相之间是连接的，同时也是竞争的。政府、媒体和公众协商的方式，是通过对话而达成妥协，他们的意见发生碰撞从而形成一致的结果，这个结果在此标注为政府的形象。在这个系统中，有几个问题是值得注意的：第一，政府的地位发生改变后，对信息的控制能力被削弱了，而公众的话语地位被显著提升，因此才会发生三者之间的平等对话；第二，协商的目标是形成一致的意见，而达到这个目标的途径是三方互相妥协，并且在形成统一意见之前，对话就不会结束；第三，从理论上讲，在信息系统中会存在优势意见和弱势意见的可能，不过，即使再强势的意见也需要经由三个协商主体的同意才会形成结果；第四，这种模型发生在政府、媒体和公众都具有高尚的道德水平和渊博的知识水平的情况下，并且还有相应的法律或者约定俗成规约的制约，否则，但凡任何一方有点私心，协商就无法进展下去，因为谁也无法说服谁；第五，信息是开放共享的。在互联网中，该模型发生的机会较大。因为政府、媒体和公众三者之间的话语地位相对比较平等，特别是在微博、微信平台上，信息传播结构已经发生了很大的改变，草根传播力量的崛起和政府信息控制力量的衰减使三者发生对话和协商的可能性极大提高。不过，这个模型还存在最大的阻碍——信息权不平等。因为就现实情况而言，政府和媒体所掌握的信息资源要远远大于公众个人所掌握的信息资源，甚至大于公众全体所掌握的信息资源总和。但是，随着社会的发展进步，政府信息公开程度加大，媒体的发言权被削弱，公民素质得到提高，这个模型成为现实是充满可能的。

第三节　地方政府网络形象的塑造

随着市场经济的不断发展，新时代塑造良好的政府形象成为各级政府工作的一项重要任务。作为政府重要的无形资产，良好的政府形象对于政府在公众中的公信力有很大的影响，同时对于政府职能机构的顺利运转及健康发展十分重要。近年来，我国各级政府通过打造政府门户网站建立政府信息公开制度，通过建立新闻发言人制度积极回应公众关切的热点事件，通过政务微信、官方微博等渠道发布权威信息，保障及时性，政府形象在网络舆论环境中正在不断提升。与时俱进对于我国各级政府在新媒体时代塑造形象尤为重要。新时代，对话与互动是新媒体的重要特点。数字化带来的转变不仅使媒体形态发生改变，传播速度有了提升，更重要的是信息传播主体与受众的关系发生了彻底的转变。这就要求政府意识到，在新媒体时代，政府不再是信息发布的垄断者，而是与公众平等的对话者。只有努力寻求与公众的共鸣，才能获得认同，才能树立良好健康的政府形象。

一、地方政府形象的内涵

一般而言，中央政府下属的各个层级的政府，即中央政府之外的各层级的政府都是地方政府，如“单一制国家的地方政府一般是指中央政府以下的省、市、县、乡镇等各级政府；联邦制国家的地方政府则是指州或加盟共和国及其以下的各级政府”①。可见，地方政府形象是公众对某个地区的政府的综合实力和执政效果的综合评价，它包含社会政治、经济、文化、科教、环境和城市风貌、公众素养、历史文明、社会秩序等部分内容，与发展层级、规模、水平以及速度等有关。地方政府在塑造形象过程中存在三个层面的内容，包括“实体形象层面”“虚拟形象层面”和“公众认知层面”。这三个层面内容在新媒体快速发展的社会中互相结合、互相配合，用于对地方政府进行评价，政府形象因此得以体现。其中，“实体形象层面”是指政府在履行相应职责时对经济、政治、文化等多方面的思考，同时它又客观地反映了媒体形象，让政府真实形象得以体现。“虚拟形象层面”也受实体层面的一部分影响，它就如一面镜子，能够折射出在媒体介入下地方政府的形象，当反映者在阐述信息的时候对某一件事的认识被打乱则可能导致信息不完善，事件缺乏一定的真实性。所以对于政府形象的树立来说，媒体带来的数据或相关信息起着关键作用。“公众认知层面”则是社会上的公众对当地政府包含的一切主观印象。具体来说，这三个层面的认识都会受不同方面因素的干扰。

（一）地方政府的客观形象与其利益导向密切相关

地方政府与居民之间是一种委托与代理之间的联系，所以其利益导向是不可避免的一种因素存在，但是它的利益又由中央和当地收入决定，打造政府的美好形象也是为了增加收入与维护当地的稳定。

（二）网络传播给地方政府的媒介形象带来一定的影响

现在这个科技时代，公众媒介如 QQ、微博、微信等交流工具在大部分人的日常生活中得到广泛应用，这些工具也会面对不同的对象，而不同的对象对政府的认识水平、对事件的看法都会不太一样，所以网络传播对地方政府的媒介形象影响颇多。

---

① 薄贵利，樊继达．建设服务型政府的战略与路径［M］．北京：人民出版社，2014：9-10.

（三）地方政府的认同形象受到传统文化的根植影响

在爱德华·霍尔看来，文化的作用就是在人与外界环境中可以作为选择工具存在。所以，有了这种假定，报道者会在报道过程中对一些真实现象进行不经意的修改，仅保留一些交叉信息。网民拥有一定的意见建议权利，可以有效维护百姓的权利，对于社会环境的安全有较大帮助，在及时发现问题的同时做到防患于未然。所以，为了经济文化都能稳定发展，地方政府应该重视网络舆论，不断对外宣传有效信息，塑造自身美好形象。

二、地方政府在网络传播中对形象的把控

（一）网络空间传播力的演变

网络时代带来的最大改变就是地方政府传播力的把控。在互联网广泛应用之前，经济与社会发展过程中出现的各种问题需要各级政府采取强有力的措施对社会舆论进行引导和管理，各级政府在资源配置和信息传播中占有绝对优势。而到了20世纪80年代以后，计算机和通信技术的发展改变了公众的交往行为和生活方式。在网络空间，信息在虚拟空间的裂变式传播使得各级政府在网络空间的传播力不再占有绝对优势，各级政府在危机处置中表现的失败和不作为会受到网民的舆论讨伐，地方政府形象必然受损。在行政体制改革中，信息技术作为重要手段，推动各级政府行政权力不断分化。随着政府网络化的建构，各级政府部门内部的权力由集中趋向分化，政府的管理权力进行横向和纵向的重新配置、分解与平衡，使得政府的权力方向与公众的需求相互协调、相互吻合。各级政府对重大公共事件进行决策以及颁布涉及群众自身利益的相关政策的时候，政府部门会积极拓展有效途径来征询公众意见，公众通过网络积极参与，为公共政策建言献策。随着网络时代的发展，在以知识经济为基础的网络空间，各级政府的传播力也会朝着知识化和信息化转变，知识和信息成为各级政府形象的力量源泉。

（二）网络空间政府形象的传播力特征

政府形象传播力的知识化。知识化是地方政府形象传播力的重要表现，而一味强调各级政府的强制性只会造成政府权威的丧失和社会秩序的混乱。网络空间的发展要求政府必须灵活应用信息、思想和逻辑力量，“知识力量”是一种非正式力量，也是一种“软实力”，它表现出来的特征就是用知识的力量来引导、说服群众，树立政府自身的公信力，而不是通过利益交换和威胁恐吓来改变人们的行为和意志。托夫勒认为，知识在权力、暴力、财富中居于首要地位，知识往往可以产生高质量的权力，因为它的力量不在于惩罚，惩罚由相应的司法机关和检察机关去实施和执行，政府可以在说服中完成社会和群众相应的转变，而且具有

更大的灵活性。随着人类的知识呈指数性甚至爆炸性增长，知识在传播力中的重要性越来越明显。知识经济的出现正在改变各级政府权力的分配，以知识为基础的信息生产者和传播者对社会生活已经产生越来越大的影响，拥有知识的精英在经济社会生活中越来越具有舆论话语权。

政府形象塑造与治理的权力日趋扁平化。在网络时代，网络对各级政府的行政权力与社会舆论的影响日益显著，促使政府不断提升社会治理的水平和舆论引导力，不断提高政府的治理效率，并使政府组织结构从金字塔形向扁平化方向发展，以便政府具有更强的灵活性和对环境的适应能力。在网络空间中，网络环境日趋复杂，社会对政府的信息化要求也更加趋向多元化和个性化，对传统科层制组织体系的改革刻不容缓。网络信息技术的广泛应用，无疑为政府改革传统体制下的官僚体制、减少或消除中间层次、构建扁平化组织结构、构建网络化组织形式提供了有力支持，已经成为政府顺应网络时代社会变化的现实选择。在扁平化的政府结构中，政府强调信息共享、强调横向交流与相互协作、强调分权、强调自我管理和民主管理、强调人力资源开发，符合了时代对政府自我深化改革的要求。

（三）网络空间的政府角色

政府是战略规划者。随着信息时代的来临，信息资源的开发和利用已经成为决定一个国家在世界政治经济格局中地位的重要因素。因此，中国政府高度重视自身信息基础设施的建设，引导和支持自身信息产业的发展，努力克服信息化带来的负面影响，为信息化发展提供宽松、优质的空间环境。作为战略规划者，政府应该构建信息社会发展规划，监测网络和社会环境变化，确定网络社会发展愿景和目标，分析其优势和劣势，确定优先发展秩序，建立相适应的网络新经济和新社会。信息资源的数字化和信息传递的网络化，使经济文化落后的国家在很短的时间内缩小与发达国家在信息产业上的距离成为可能。

政府是信息产业投资者。据可靠数据，截至 2017 年年底，中国互联网用户已达到 7.31 亿，是迄今为止互联网用户数量最多的国家，中国的手机用户甚至达到了 13 亿。政府需要在新经济和社会的主导要素上投入更多的财政资源，如国家信息基础结构、教育和人力资源开发、新技术开发利用等。此外，中国政府已经明确了发展大数据的战略目标，大数据可以帮助政府实现更好的公共服务并提高生产生活和决策管理的效率，以创新带动发展。作为公共权力的主体，投资公共资源和网络信息化发展就是投资或回报公众，应该组建政府主导的投资主体，建设网络政府，加快政府电子政务进程。

政府是法规的制定者和保障者。法制建设，首先要求政府正确履行自己的职能，厘清政府与市场的边界，防止行政权力出现“越位”“错位”和“缺位”的现象。为社会提供法律和制度基础是政府需要承担服务社会的重要职责。就目前情况来看，政府及时建立适应信息社会的法律和制度尤为重要，全面贯彻网络信息依法审查、重大风险评估和公共危机决策机制，推动重大问题的决策更加科学合法，能够有效引导网络空间舆论发展的方向，实现政府在网络空间的灵活治理。

三、地方政府网络形象的传播策略

计算机与通信技术的发展为政府和公众之间的信息互动提供了一个方便、简单的使用平台，政府可以通过网络媒体来提升自身的透明度，进而建设服务型政府，公众也可以通过网络媒体来进一步监督政府的行为。而地方政府是与公众直接接触的机关单位，在面临公众的诉求时，要积极解决问题，不可回避公众、推卸责任，以此来提升政府的公信力。网络媒体的使用在一定程度上促进了地方政府的发展。它不仅有利于提高地方政府行使权力时的透明度，使公众的知情权得到保障；更时刻提醒地方政府官员在行使权力时要保持公正、严谨、清廉、文明的态度和行为。所以，地方政府不要排斥新媒体，而要积极利用新媒体带来的便捷，真正为人民服务①。一旦地方政府形象受损，对行政管理部门来说，就要积极和媒体保持良好的沟通，积极调整政务公开、回应反馈、信息传播等工作，通过妥善的危机公关，让媒体在危机传播中成为其和社会公众进行交流的纽带，最终解决危机并使谣言消失②。

（一）找对思路，着力塑造政府形象

交流是建立在沟通的基础上进行的，地方政府在宣传信息的时候，要有开放的心态、长远的眼界，使信息传播更加真实、全面、有效。与此同时，理解也是必不可少的。这也就是说，地方政府在形象塑造的时候要尽量以公众为本，采取适合公众的方式，使信息更具可靠性与说服力。地方政府的执政理念与处理事务的态度和方式等要想得到很好的宣传效果，离不开与媒体的密切频繁交流，扩大传播渠道，找到正确的思维方式与传播方式，不断通过微信等新媒体塑造美好形象。具体来说，我们可以采用多种有效方法：首先，对形成网络舆论的各种原因进行具体分析与深入研究，并及时改进和完善相应问题；其次，针对网络的一些短板或网民的隐匿性等特点，进行网络监管，有针对性地设立专门部门进行专项

---

① 黄宁平．网络新媒体环境下的政府形象传播研究：基于2012年社会热点事件的分析［D］．南昌：江西财经大学，2013.

② 李岩．危机传播中媒体与政府的互动关系［J］．山东省青年管理干部学院学报，2006（5）：129-130.

管理；最后，结合当地的实际情况，总结出典型的网络舆情，并对其产生发展过程进行深入研究，从而对症下药，使地方政府对外宣传效果大大增强的同时自身的美好形象也显而易见。

（二）运用传播学相关理论，科学塑造政府形象

议程设置是公众传媒影响社会选择的一种方式[①]，这一理论对地方政府的形象塑造具有重要的理论指导作用。郭庆光教授把公众传播所具有的为公众设置“议事日程”的功能定义为议程设置，各种议事“议题”不同程度的显性方式实际上是由传媒的新闻报道和信息传达活动赋予的，它们影响公众对社会事务及其重要性的判断[②]。而公众媒介通过反复或重点报道某些事件的方式强化该事件在公众认知中的重要性，以影响公众关注的方向和判断力。随着互联网新媒体的出现，因其传播速度快、扩散范围广、传播内容丰富的特点，公众的角色从被动接收传统媒体的信息转变为主动接收和再传播信息，由此网络媒体的设置议题功能得以进一步强化。当前各种报纸杂志、手机客户端、微信公众号等媒介以专题热点、头版置顶等方式吸引公众参与，使议程设置更加复杂，舆论倾向也愈发明显。地方政府要采取更加主动和科学的方法进行预防和处理网络舆情，设立网络舆情的预警机制，及时纠正不当舆论，合理引导公众关注热点；及时发表声明澄清与通报，塑造良好的地方政府形象，并尽最大可能引导网络舆论，做好现实与虚拟、传统与新兴的完美融合与相互配合，形成一个良性循环，不断利用新媒体的优势，用社会认同价值和中华民族的力量来协调配合，使政府形象不断往正面发展。

（三）提倡共同治理理念，动员社会组织、公众协作参与

在现代社会中，原先由政府独立承担的责任正逐渐转移给社会，各种社会组织承担起部分公共事务的治理责任。治理是国家、社会与公民实现共赢的一个新突破，在公共利益实现方式上，表现为一元走向多元、管控走向协作。善治强调政府、社会、公民三者和谐统一，将政府引导、社会互助、公民责任紧密结合，在社会管理过程中充分发挥政府的主导作用及社会组织的辅助作用，同时对公民参与公共事务的积极性进行鼓励并提高[③]，体现政府与公民合作管理公共生活，表现出政府、社会与公民的一种新型关联。善治内涵丰富，其构成要素包括诚信、透明、高效、法治、责任性、回应性、有效性、参与、稳定、廉洁、公正

---

① ［美］沃尔特·李普曼．舆论［M］．常江，肖寒，译．北京：北京大学出版社，2018：177.

② 郭庆光．传播学教程［M］．北京：中国人民大学出版社，2011：209.

③ 俞可平．全球化时代的善治［J］．商务周刊，2002（13）：38-39.

等[①]。其中，诚信理念要求政府树立信用意识，对公众履行承诺；透明理念要求政府通过各种媒介渠道及时公开并传递危机信息，便于公民获取真实信息并参与决策过程；高效理念要求政府改进服务方式、提高服务质效；法治理念要求政府通过宣扬法治观念来完善法律法规并规范公民行为，在处理舆情危机或突发事件时做到依法行政。善治要求政府有关部门尽力协调利益纠纷，化解矛盾冲突，维护社会安定，将政府塑造成“诚信、透明、高效、法治”的良好形象。在互联网时代，政府主导相关工作，社会组织、公众随之配合参与，集中多种力量办实事办好事，从而为塑造地方政府良好形象打下坚实的基础。

① 李静．论政府善治视阈下网络舆情研究［J］．理论界，2009（9）：9-11.

第三章　网络传播与安徽形象塑造

第一节　安徽形象建构与传播研究的兴起

一、地区形象

国外对地区形象的研究始于菲利普·科特勒，他认为地区形象影响人们对该地区投资、办厂、移民、旅游、就业以及地区外市场消费者对该地区产品的态度和购买行为。学者迈克尔·波特认为，地区形象是人们对地区的主观印象，是通过公众传媒、个人经历、人际传播、记忆以及环境因素共同作用而形成的①。国内对地区形象研究始于1994年广东“花都市形象建设”课题组在研究报告中提出的“地区形象”的概念。报告指出：所谓地区形象，就概念本身而言，系表示一个地区的内部公众与外部公众对该地区的内在综合实力、外显前进活力和未来发展前景的具体感知、总体看法和综合评价②。综合这些定义，地区形象是人们的一种主观感知。赖球指出：“地区形象”与“地区形象评价”是应该区分开来的，地区形象是地区方方面面的客观存在，地区形象评价是对地区客观存在的感知、认识和评议，两者是截然不同的。地区形象评价往往带有很大的主观性，这种带有主观性的评价有时会与客观存在着的地区形象的实际情况不一致③。按照《现代汉语词典》，“形象”是指能引起人的思想或感情活动的具体形状或姿态，这一解释又指出了形象是一种客观存在④。综合以上观点，本课题组认为，地区形象是客观存在和主观认识的统一体，是基于客观存在基础上的主观感知。

---

① ［美］迈克尔·波特．国家竞争优势［M］．李明轩，邱美如，译．北京：华夏出版社，2002：120-123.

② 罗治英．DIS：地区形象论［M］．北京：中央编译出版社，1997：86-87.

③ 赖球．地区形象及其重要性刍议［J］．珠江经济，2002（6）48-52.

④ 孙江华，严威．中国省级区域传播形象的统计测度及分析［J］．中国软科学，2009（4）：80-86.

它与客观存在有内在的联系，又有所区别。地区形象的形成机制比较复杂，受到多种因素的影响，既有地区的客观存在本身，又有影响人们感知的各种具体因素。从微观层面分析，地区形象是地区生态环境、经济活力、文化底蕴、精神品格、价值向导等综合功能的结构性呈现。地区形象的建构具有多维性，主要包括经济形象、政府形象、人文形象、法治形象、民生形象、环保形象、科技形象等。

二、公众传媒在地区形象建构中的重要作用

在公众传播时代，媒介塑造的“拟态环境”对地区形象有着深刻而广泛的影响。四大媒介的快速发展，尤其是网络、手机等现代媒介的高速发展，使麦克卢汉所说的“地球村”真正成为现实，人们足不出户，可以晓知天下事。在这样的环境下，地区媒介形象越来越成为地区形象与地区现状的替代品，从而成为影响地区形象的有利因素①。地区形象的建构体系比较复杂，而新闻媒介在地区形象的建构中起了很重要的作用。美国专栏作家沃尔特·李普曼在《舆论学》中提出，人们由于生活在比较狭小的一隅，对该环境中生活的某一类人或某一类事会形成固定、概括、笼统的看法②。这就是“刻板”印象。人们由于实际活动范围、精力和注意力有限，不可能对与他们有关的整个外部环境和众多的事务都保持经验性接触，超出自己亲身以外的事务，人们只能通过各种媒介去了解③。

因此，传媒作为一种传播面广、易为公众接受的传播方式，其传播内容极易引导公众对地区形象的认知倾向。地区媒介形象作为一个地区软实力的重要组成部分，它的好坏直接影响了地区外部投资者、游客以及内部市民的态度评价④。所以，要增强地区的影响力，合理科学地利用传媒是塑造良好区域形象的关键环节。

三、安徽形象的建构与传播的重要意义

在课题组所作的《网络传播与安徽形象塑造调查问卷》中，有网民提出，“安徽的形象主要看经济发展状况。经济发展了，什么问题都好解决，什么形象都有了。那时，一两个负面新闻损害不了安徽形象”。应该讲，地区形象与经济

---

① 张泉．主流媒介视野下的安徽形象研究：以中部崛起政策实施前后《人民日报》对安徽报道为例［D］．合肥：安徽大学，2009.

② ［美］沃尔特·李普曼．舆论学［M］．林珊，译．北京：华夏出版社，1989：34.

③ ［美］沃尔特·李普曼．舆论学［M］．林珊，译．北京：华夏出版社，1989：34.

④ 江根源，季靖．地区媒介形象：传统、权威与刻板印象［J］．新闻与传播研究，2006（4）：62-68.

发展密不可分。地区形象主要依赖于经济发展，但从地区形象的多维性来看，地区形象不单纯依赖经济发展。二者相辅相成、相互作用，经济发展能提升地区形象，好的地区形象反过来可以促进经济的发展。

对正处于崛起中的欠发达省份安徽来说，塑造良好的区域形象，提升区域的美誉度，能更好地对外交往和吸引投资，形成强大的吸引力和辐射力，是可以转化为有形财富的巨大无形财富，有助于区域经济的发展。2010 年，顺应国内外产业转移新趋势，安徽已设立皖江城市带承接产业转移示范区，加快中部地区崛起，推动区域协调发展。这对塑造安徽形象、吸引投资提出了更高要求。在承接产业转移中提升安徽地区形象，有利于推动社会主义经济、政治、文化建设与和谐社会建设四位一体全面发展。

安徽形象是衡量安徽公信力和信誉度的重要标志，是产生吸引力和影响力的重要途径，是激发社会活力的重要力量。随着互联网的迅猛发展，互联网是安徽形象传播的重要渠道，也可能成为干扰安徽形象传播的工具，安徽形象建设迫切需要网络话语权。

第二节　网络传播环境下安徽形象建构与传播的优势

一、安徽形象与安徽网络形象的界定与内涵

安徽地区形象是指安徽地区在公众心目中的整体印象，是地域文化在公众心目中的反映。依据罗治英教授的理论，安徽形象是指公众对安徽的内在综合实力、外显前进活力和未来发展前景的具体感知、总体看法和综合评价。

结合传播学理论，本课题探讨的主要是安徽媒介形象中的一个重要分支——安徽网络形象，即人们通过网络媒体对安徽地区的报道，形成的对安徽地区的整体印象，涉及政治、经济、文化、旅游、社会生活等各个方面，具体可以细分为安徽政府形象、安徽人形象、安徽经济形象、安徽文化形象、安徽民生形象等。

二、网络环境中安徽形象建构与传播的优势

落地优势。互联网实现了信息传播的全球化。传统媒体的传播活动大多局限在特定的国家和地区范围内，而互联网技术为大规模跨国乃至全球传播提供了条件。互联网互联互通，安徽以外的人群了解安徽最便捷的方式就是通过互联网。因此，从外部传播的角度来看，网络传播无国界，网络媒体被广泛接受，它是安

徽形象传播的最佳渠道。

整合优势。网络媒体具有资源整合优势，能整合多种媒体资源，电视、广播、报纸等有关安徽宣传的内容都可以在同一家网站呈现。另外，网络专题融合了文字、图片、音视频、互动调查等多种表现形式，兼具多种媒介传播优势。同时，网络媒体还能整合众多网民的力量来宣传安徽。

联合优势。网络媒体可以通过彼此间的合作，拓宽地区形象宣传的渠道。“中国网络媒体安徽行”已经连续举办六届。该活动充分利用网络媒体优势，不断创新宣传手段，实现宣传效应最大化。2009 年，主题为“科学发展看安徽”的网络媒体活动受到广泛关注，共有 1000 多家网站开设专栏、专题，共刊播消息、图片、视频 40 余万条，300 多万网民点击留言。该活动联合了全国多家中央和地方重点门户网站以及知名商业网站，网民形象地称其是全国各地最著名的网站在对安徽进行“新闻联播”。大部分网站采用了网络专题这种形式，既有本网的新闻报道，也可以看到参与联合采访的其他网站的报道，“你中有我，我中有你”，这在其他传统媒体中是难以做到的。

互动优势。网络传播进入了 web2. 0 和 web3. 0 时代，一些企业通过网络互动，探索企业和消费者的互动认知，取得预想不到的品牌形象、产品形象传播的良好效果。安徽在地区形象的塑造上可以利用这一优势达到良好效果。例如，在安徽区域形象新闻事件传播中，政府部门可以恰当地引导普通网民表达他们在现实中的美好体验，引起普遍的情感共鸣。

成本优势。与传统媒体相比，网络传播具有低成本和低门槛的优势。如很多普通网民开辟了旅游博客、播客等自媒体，通过大量文字、图片、视频等，传播对地区形象的印象。他们既是记者，也是主持人，可以说是零门槛和低成本。另外，在网络中进行地区形象的广告宣传，费用也低廉得多，并且没有时段和版面限制。

第三节 网络传播环境对安徽形象建构与传播的挑战

一、“把关人”理论在网络传播环境中遭到挑战

网络传播由于其显著的匿名特点，人们在信息传播中自我把关的意识开始降低，而且网络的传播特点使得许多在传统媒体上无法登载的信息被大规模披露，其内容既包括措辞犀利的批评言论，也包括日常生活所见到的社会怪象，尤其是近年来迅速发展起来的博客、播客等网络传播形式，在一定程度上降低了“把关

人”的作用。网络传播的即时性，使得把关行为在很多时候落后于信息发布过程，事前把关逐渐成了事后把关。网络传播信息的无限性和地域超越性造成部分事后行为的不及时和无效。网络技术的发展使得“把关人”理论在新传媒环境中遭到挑战，其功效逐渐受到人们质疑①。

二、注意力经济影响带来信息的夸张性和片面性

网络是信息的海洋，在网络上谁吸引网民的眼球、得到网民的注意力就能赚取利润。一些媒体或个人放弃了应有的准则，一些未经核实的消息，只要有噱头、有看点，就竞相复制传播，造成虚假信息的泛滥。在注意力经济的影响下，负面信息更能吸引眼球，成为炒作的热点，导致一些媒体对某一区域的负面信息的关注度超过正面信息。

三、网络的易复制性导致负面信息呈几何级放大

网络的复制非常容易。在口头传播时代，人们传播信息要经过一个人到两个人，两个人到多个人这样的物理空间阻隔。在网络时代，这样的物理阻碍不存在了。一条负面信息在网络上可以瞬间以滚雪球的方式被放大，可以在以分秒计算的时间内到达分布在整个地球上的数亿网民。

四、网络时代的危机传播成了一个多音齐鸣的“话语场”

危机是指在社会生活中突然发生的，严重危及社会秩序，给社会造成重大损失的事件。危机主要包括两个方面：一是自然界不可抗力引起的灾难，如地震、海啸等；二是人为故意因素或行为过失造成的重大事故②。对于政府而言，危机事件处理不当，不但会严重影响政府的声誉，而且会影响到由政府主导的区域形象。在网络传播时代，突发事件一旦出现，如果当地政府没有有效组织媒体加以应对，一个地方性事件可能会由于互联网的推波助澜演变成全国性事件。迅速发展起来的博客、播客、论坛社区等网络传播形式，使危机传播成了一个个多音齐鸣、众声喧哗的“话语场”。这也给政府危机传播带来了前所未有的挑战。危机的背后，直接受到影响的是区域或组织的形象。危机事件如果处理不当，就会对区域形象造成极大的伤害。

---

① 何辉，刘朋．新传媒环境中国家形象的构建与传播［M］．北京：外文出版社，2008：20.

② 杨博智．论新闻网站对区域形象的建构与传播［D］．南宁：广西大学．2008.

第四节　网络媒体中的安徽形象

一、中央网络媒体构建的安徽形象

（一）中国网对安徽的报道分析

1. 文本的选择及依据

中国网是国务院新闻办公室领导，由中国外文出版发行事业局（中国国际出版集团）管理的国家重点新闻网站。中国网始建于 1997 年，是用简体中文、繁体中文、英文、法文、德文、日文、西班牙文、阿拉伯文、俄文、韩文和世界语 10 个语种 11 个文版对外发布信息的“超级网络平台”，其读者分布在世界 200 多个国家和地区。中国网坚持以新闻为前导，以国情为基础，以融合各地通信、即时专题、网上服务、媒体搜索等内容为原则，力求通过精心整合的即时新闻、翔实的背景资料和网上独家的深度报道，向世界及时全面地介绍中国，并竭诚为中国和世界各国的访问者提供迅捷、权威的信息服务。作为国家级对外传播网站，中国网依托中国外文出版发行事业局多年来对外传播的资源优势，同时联合全国各省市重点新闻网站，共同建立了全国外宣网络平台，开创了网络对外传播的新格局。

2. 安徽报道的概念界定

安徽报道是指以安徽为主要涉及地域的新闻报道，即以安徽为报道内容的发生地和主要涉及影响地，整篇报道以安徽为新闻价值点，如果报道中提及“安徽”字样，而非以此为新闻，则不在研究范围之内，包括各类新闻文体、照片、图表等。

3. 类目设置

选取 2000 年以来至今中国网对安徽的报道，主要从报道的倾向、数量、议题设置、报道内容上进行分析。在分类上，对中国网中的安徽报道进行统计，分为经济领域、政治领域、文化领域及民生领域等。其中，经济领域包括工农业、企业发展、旅游发展等；政治领域包括突发事件、大型会议尤其是党的会议、政策法规等；文化领域包括科教文卫等；民生领域是来自民生新闻的全部报道。在报道的议题上，从安徽的政府形象、经济形象、文化形象、民生形象和安徽人的形象五个方面进行具体分析。其中，政府形象的考察样本来自政治领域的报道，多为以政府为主题的报道；经济形象的考察样本即经济领域的全部报道；文化形象的考察样本来自文化领域的以教育科技、文化发展为主题的报道；民生形象的考察样本来自民生领域的报道，即通常意义上的社会新闻。

政府形象的考察类目细分为：A. 改革报道，包括改革创新、好的工作方法；B. 成就报道；C. 工作情况，包括会议、活动、工作通报等；D. 问题、缺陷。

经济形象的考察类目细分为：A. 经济形势；B. 工业经济；C. 农业经济；D. 包括旅游在内的第三产业；E. 其他。

文化形象的考察类目细分为：A. 文学和艺术；B. 教育和科技。

4. 时间分期

2010 年 12 月 16 日——2011 年 1 月 17 日，课题组成员通过中国网的站内搜索，共检索到关于安徽的报道 185 篇，即得到样本 185 个。

5. 抽样结果分析

（1）安徽形象的整体分析

对安徽报道议题的分布：

这 185 篇报道中的议题分布情况如图 3－1 所示。报道议题最多的是经济领域，共 65 条，占总数的 35.10%；其次是民生领域，共 59 条，占总数的 31.90%；随后是文化领域，共 31 条，占总数的 15.80%；最少的是政治领域，共 30 条，占总数的 16.20%。

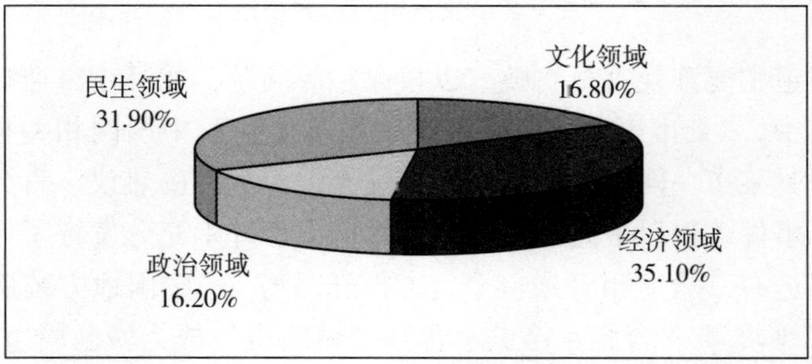

图 3－1 安徽报道议题分布

由图 3－1 可知，中国网对安徽的报道集中在经济领域和民生领域。其中，在经济领域的报道中，旅游新闻占了半壁江山，这体现出安徽是旅游大省的形象。文化领域的报道基本是正面报道，这体现出安徽是文化大省的形象。民生领域的报道中，负面新闻居多，尤其是突发事件。政治领域也是负面报道居多，尤其是安徽某些地方政府官员形象欠佳。

（2）安徽形象的具体分析

课题组以上文所统计的议题分布为基础，从安徽的政府形象、经济发展形象、文化发展形象、民生形象等四个方面入手，具体考察安徽在中国网上的形象呈现。

① 政府形象

在社会转型期间，舆论监督作为制度监督的重要补充，一直被寄予很高的社会期待。作为网络监督的主要对象，政府与官员已然成为区域网络形象的窗口和名片。这一时期，中国网以安徽政府和官员为主体的报道共有41篇，其中，批评性报道有21篇，占总数的51.2%；中立性报道有11篇，占总数的26.8%；赞扬性报道有9篇，占总数的22.0%，如图3-2所示。

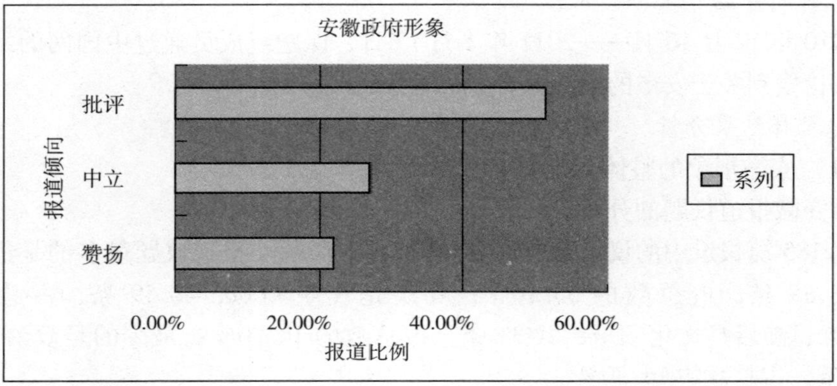

图3-2 安徽政府形象报道

批评性报道主要涉及官员腐败、以权谋私等问题，如某市事业单位因人设岗招聘事件。其中，“某市事业单位因人设岗招聘事件”中国网相关报道达11条。这次事件首先是某市一网民在论坛上发帖曝光，引起网民热议。直到该市重新组织招聘工作，事件才得以平息。网络媒体在这次事件中充分发挥了评论和监督作用。赞扬性报道有“合肥市开通首个官方拆迁微博”“中国地方政府探索解决老年公寓‘一床难求’”“合肥4镇试水晋升‘镇级市’成为城区周边卫星城”等，合肥市勇于改革创新发展的政府形象得到较好呈现。

② 经济发展形象

经济发展状况是区域形象高低的最有力的衡量标尺，重点分析经济报道可以很好地了解安徽的经济发展状况，从而折射出安徽的经济形象。

这一时期，中国网中有关安徽经济领域的报道共65篇，可分为旅游经济、农业经济和其他经济三大类。其中，旅游经济类有34篇，占总数的52.30%；农业经济类有3篇，占总数的4.60%；其他经济类有28篇，占总数的43.10%，如图3-3所示。

从图3-3可以看出，在有关安徽经济的报道中，旅游经济占到半壁江山，安徽旅游大省的形象凸显。农业经济着墨不多，仅有3篇消息类报道，主要是关于农产品价格和质量监管的报道。其他经济类报道主要关注的是经济形势、区域

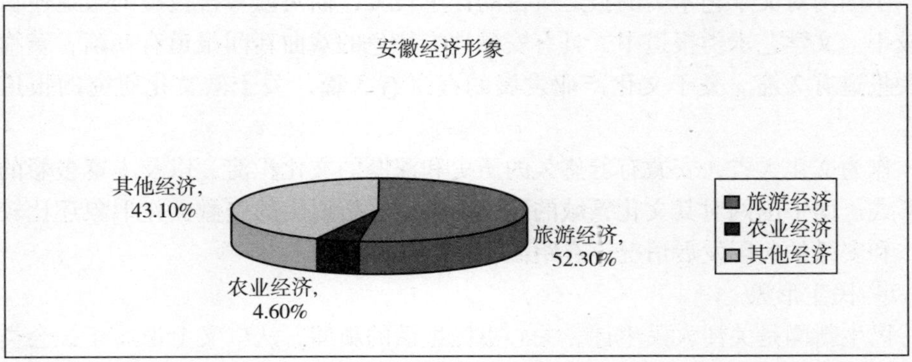

图 3－3　安徽经济形象报道

发展。皖江示范区建设、打造城市群和开发区发展是这一时期报道的重点主题，如反映皖江示范区建设的《皖江示范区吸金四千亿　安徽崛起新引擎》《长三角投资热潮助推皖江示范区凸显抢滩效应》；关于城市群报道的《沪苏浙皖四省市着力打造世界级城市群》；关于开发区报道的《安徽合肥高新区城管试点对守规经营户现金奖励》。该类报道中有关安徽企业的报道不多，仅有一篇是关于洽洽食品企业的，还是批评性报道。

总体来看，安徽经济形象以正面为主，仅有 2 篇是批评性报道。与以往传统媒体呈现的农业大省形象不同，中国网呈现出安徽省是旅游大省和正在加速崛起的新经济大省形象。

③ 文化发展形象

这一时期，中国网中有关文化领域的报道共有 31 篇。其中，教育科技类 4 篇，占总数的 12. 90%；文学艺术类 27 篇，占总数的 87. 10%，如图 3－4 所示。

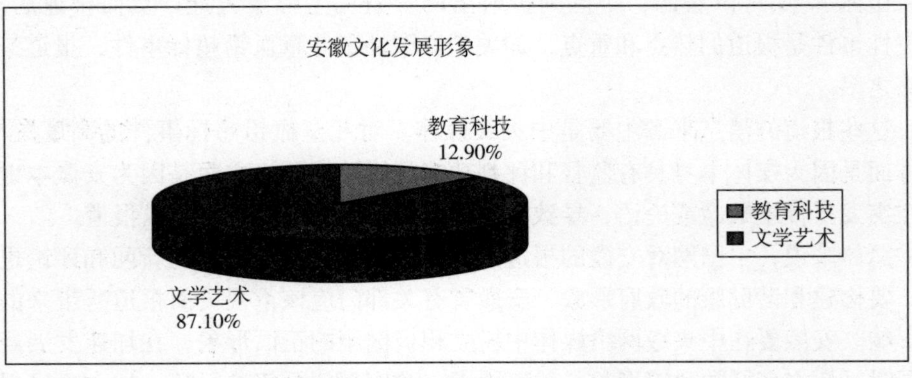

图 3－4　安徽文化发展形象

中国网对文学艺术类的报道所占的比重较大，而对教育科技类的报道所占比重较小。文学艺术类报道中，具有安徽地方特色的戏曲新闻报道有 6 篇，黄梅戏相关报道有 2 篇。关于文化产业发展的报道有 3 篇，关于徽文化研究的报道有 1 篇。

作为文化大省，安徽有着悠久的历史和深厚的文化积淀，以及丰富多彩的文化形式。而中国网对其文化领域的报道面较窄，折射出的安徽文化形象还比较单薄，和安徽的实际发展情况还有距离。

④ 民生形象

民生新闻是关注人民生计、关心市民生活的新闻，从广义上说属于社会类新闻，但在内容上主要关注的是普通老百姓的生存状态与生存空间。这一时期的民生新闻报道共有 59 篇，其中负面报道有 46 篇，占总数的 78.00%；正面报道有 6 篇，占总数的 10.17%；中性报道有 7 篇，占总数的 11.90%，如图 3－5 所示。

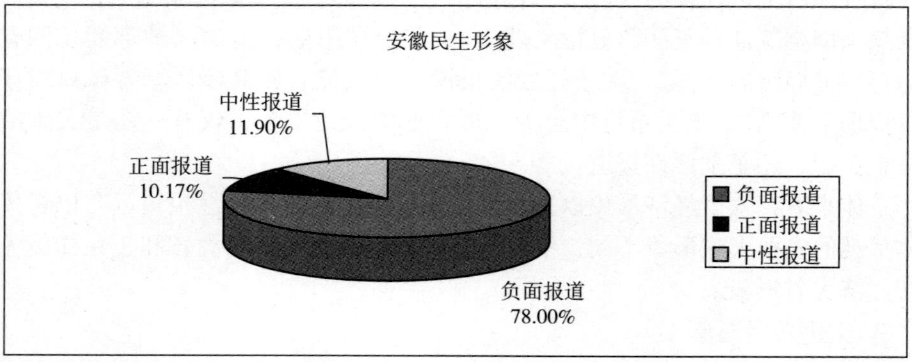

图 3－5　安徽民生形象

由图 3－5 可以看出，中国网折射出的安徽民生形象欠佳，负面报道居多。突发性事件是报道的热点和重点，如关于安徽怀宁儿童血铅超标事件，报道量达 78% 之多。

这些报道的消息来源主要是中央级媒体。对儿童血铅超标事件的高度关注，一方面是因为媒体本身具有监督和评判功能的属性；另一方面是因为安徽本地媒体在突发事件中缺席或失语，导致中央级媒体不断介入调查并加以报道。

总体来说，中国网对安徽的报道是客观公正的，但是负面的新闻和评论也不少。要构建和谐健康的政府形象，安徽省有关部门应该重视负面报道所带来的消极影响。安徽要在中央级网络媒体中树立积极健康的正面形象，在加速发展经济的同时，树立良好的政府形象是关键因素。政府部门要依法行政，加大反腐倡廉的工作力度，提升政府工作的透明度和开放度，即让“权力在阳光下运行”，这也是网络监督的终极目标。

二、本地网络媒体构建的安徽形象

当前，地方的网络形象已经与各地政治、经济、文化、旅游、招商引资等各个方面密切相关。掌握网络宣传与沟通技能，利用互联网塑造和提升城市形象，已经成为城市扩大对外宣传、招商引资、增强竞争力的一种发展趋势。

（一）安徽网络媒体现状

安徽2010年拥有各类大小网站2万多家，大多数为个人或企业机构开办的网站。本书所指的网站包括新闻性网站和具有网络互动功能的网站。新闻性网站主要包括三个层次的网站：第一是由中央新闻机构在皖开办的或针对安徽省开办的专业频道，如人民网和新华网的安徽频道；第二是以中安在线为代表的由省级传统媒体开办的新闻网站；第三是由省内各地市新闻宣传或政府部门开办的新闻网站。具有网络互动功能的网站包括在省内较有影响的论坛和网络问政平台两个板块的网站。

（二）新闻网站对安徽形象建构研究

1. 栏目设置比较

人民网安徽频道设置了新闻中心、视频等14个栏目，新华网安徽频道设置了新闻、房产、文化等近20个栏目。相比较之下，省内的新闻网站当中，中安在线设置的频道相对丰富，安徽广播网和安徽电视网设置相对较为简单，主要是其母媒体的内容在线呈现。而各市县开办的新闻网站规模大小不一，频道和栏目的数量也基本在20个左右。

我们经过调查发现，目前人民网安徽频道、新华网安徽频道的安徽本地信息日更新量在100~200条之间，中安在线由于拥有安徽日报报业集团的大量信息资源，本地信息日更新量在1000条左右，安徽广播网和安徽电视网则不足百条，各地方的新闻网站更新量基本也都在百条以下，有的日更新甚至不足10条①。

中安在线主页面的新闻链接约700条，安徽本地的链接约为260条，本地内容不足40%。相比之下，包括中央媒体在皖开办的网站在内的其他网站，其本地信息量总量虽然不大，但内容专注本地化，主页面中本地化内容比例基本上在70%以上，有的甚至超过九成②。

从各网站的栏目设置和内容上综合来看，除了安徽广播网和安徽电视网是以其母媒体的组织结构来对应建立的之外，其他网站的同质化现象比较严重，音视

① 数字统计时间为2010年12月。

② 数字统计时间为2010年12月。

频内容更新量很少。一方面，各网站栏目分类较简单，对反映安徽区域发展战略方面的内容散见各栏目，缺乏声势；另一方面，内容都是以新闻资讯为主，对挖掘安徽厚重的历史文化方面的内容重视不够，网站的徽派特色都不明显。

2. 影响力比较

目前学术界对网站的 Alexa 排名的准确性还有各种争论，但不可否认的是，其至少可以在一定程度上反映出网站影响力的变化。课题组成员在 Alexa 网站上对上述部分新闻网站的最近半年的排位进行了查询，发现仅中安在线排位相对较高，但也在 1 万位，安徽广播网和安徽电视网则在 4 万位左右，各市县的网站除了滁州在线和宁国新闻网等少数网站进入 10 万位以内，多半在 10 万位以外。

尽管省内一些网站宣称自己的日均访问量（PV 量）都在百万以上，甚至达到千万的水平，但与周边省份的重点新闻网站相比仍然有巨大的差距：上海东方网和浙江在线排位都达到 1500 位以内，河南大河网和江西大江网达到 3500 位以内。

人民网安徽频道和新华网安徽频道由于没有独立的一级域名，所查询到的排位只是人民网和新华网的排位。通过数据分析，我们查询得到其部分二级域名的访问数据（见表 3－1、表 3－2）：

表 3－1　人民网部分地方频道访问量统计①

地方频道	安徽	海南	重庆
频道在总访问量中所占比例（%）	0.2	0.1	0.1

表 3－2　新华网部分地方频道访问量统计②

地方频道	安徽	江苏	浙江	重庆	河北
频道在总访问量中所占比例（%）	0.9	0.1	0.2	0.9	0.5

从表 3－1 和 3－2 中我们可以看出，人民网安徽频道和新华网安徽频道在其主网所办的各地分站中，影响力都是名列前茅的，这对于安徽的区域形象传播也具有一定的促进作用。

3. 专题比较

对于重大主题题材和热点事件的报道，网络专题可以发挥网络的全部优势：更迅速地收集报道内容、更有效地整合网络资源、更全面的报道角度和手段、更

① 数字统计时间为 2010 年 12 月。
② 数字统计时间为 2010 年 12 月。

广泛直接的互动等。一次好的网络专题策划对地区形象的传播具有强势效应，表3－3是部分网站近两年制作的涉皖题材专题情况。

表3－3　部分网站制作涉皖题材专题数量　　（单位：个）

网站 年份	人民网 安徽频道	新华网 安徽频道	中安在线	安徽广播网
2009	34	68	109	16
2010	26	25	127	20

从网站专题的内容来看，涉及重大主题宣传和各地建设成就、节庆活动的专题约占70%以上，重大突发事件和社会热点问题约占25%。其中不乏精品力作，如2008年安徽新闻奖网络作品评选中，三分之一的获奖作品是网络专题，2009年安徽新闻奖网络作品评选出的60件获奖作品中，网络专题也占了18件。这充分反映了网络专题在安徽对外形象构建中的重要地位。

优秀的网络专题具有创新的主题策划、独特的报道角度，运用丰富的报道手段，尤其是能够充分发挥网络互动功能，具有鲜活生命力、时空穿透力和心灵震撼力。2009年获网络作品一等奖的专题《优秀共产党员　模范基层干部——沈浩》不仅主题重大，在专题策划和页面设计上都令人耳目一新，专题中还运用了网络留言、网络征文以及网络祭奠等互动手段，使得整个专题特色鲜明，体现了较高的编辑水平。

尽管各网站不乏高质量的网络专题，但课题组成员也看到，各网站的专题制作水平参差不齐。

（三）中安论坛和徽网论坛

论坛（BBS）一直被认为是网络舆论最主要的形成地之一。近几年来，国内外几乎每次重大事件都是在网络媒体的报道和网民跟帖的激辩中形成了社会热点。

中安论坛和徽网论坛是省内两家影响力较大的论坛，前者设置了“崛起安徽”“草根杂谈”等14个板块，后者设置了4个时政类板块和各市的分论坛。中安在线论坛的峰值在线人数超过2万人，徽网论坛的峰值在线人数也达到3600人。两家网站在搜索引擎中的收录量都接近十万条。

在对这两个论坛中网民发帖情况进行调查时，课题组成员发现新的帖文除了转帖的内容之外，由于网友发言自由随意，原创的帖文讨论的主题比较分散，各类投诉涉及社会生活各个方面，总体上看是建设性意见较少，批评和抱怨的帖文较多。

实践证明，通过政治话语和主流论坛的时评来影响舆论，进而提升区域形象是一种非常有效的手段。权威言论可以帮助网民将舆论对象的感性认识转化为理性认识。

课题组成员在与相关论坛的管理员进行座谈时了解到，由于省内的论坛管理人员普遍较少，对网民发言审核不及时而且较为严格，导致许多网民对省内论坛不信任，近年来在网络上形成热点的涉皖事件极少是从省内的论坛上发起的。与周边省市相比，安徽本地论坛散、小、乱的局面依然存在，舆论引导能力也比较有限。各大论坛需要加强自身建设，这需要政府部门制定相应的管理措施，在资金和政策上对有潜力的重点论坛给予扶持，形成政府管得住、网民信得过的主流论坛，掌握网络舆论宣传阵地的主动权。

（四）中安在线与浙江在线网站对比

中安在线与浙江在线作为省级重点新闻网站，在引导网络社会舆论、传播地方形象方面都起着主力军的作用。由于地区经济的影响，两家网站在规模和影响力上还有较大差距，这里仅就两家网站在本地形象构建方面的区别略作比较。

1. 本地信息的容量及服务性栏目数量

中安在线目前设置的频道及子网的数量不足 30 个，其中完全本地化的频道只有一半左右，而浙江在线设置了近 40 个频道、30 多个特色专栏以及 45 个地方支站，完全本地化的频道和栏目近百个，除了新闻性频道外，其他频道的资讯和服务特色非常突出。相比之下，中安在线要显得单薄。

2. 对本地新闻信息的处理手法

两家网站不约而同地对本地信息进行了突出处理。我们分别统计了 2010 年 4 月和 11 月这两家网站的头条新闻，发现中安在线分别有 26 天和 30 天用了本地的新闻作为网站头条，浙江在线则为 29 天和 30 天。从头条新闻上看两者差距不大，但浙江在线的主页中本地新闻资讯所占的比重和绝对数量都要远超过中安在线。仅从头条的内容来看，中安在线在 2010 年 11 月基本使用的是转载稿件，仅有 3 次头条系自采稿和原创的专题，而浙江在线有 10 次头条是原创内容和自办的活动报道。两家网站的活力差距由此可见一斑。

3. 语种比较

浙江在线目前仅提供了简体中文版，中安在线提供了简繁两种中文版和英文版。从技术上看，提供网络的繁体版并不困难，而中国港台地区用户使用的平台多数仍是基于 BIG5 码的，因此提供繁体版对方便港台地区受众获取信息意义非常明显。中安在线提供的访问量数据显示，其繁体版网页访问量占到整个网站总访问量的 10% ~15% 。

浙江在线也提供少量的英语新闻，但据了解，其主要由一家杭州的英文杂志进行后台维护，内容主要来自该杂志，信息量不大，时效性不强。中安在线的英文版相对力量要强很多，设置了十余个本地的新闻和资讯栏目，每日原创的英文信息达10余条，信息量超过2000字，更新的信息中还包括部分图片和视频，对境外以英语为母语的受众了解安徽具有重要意义。

可见，经过多年的发展，网络媒体已步入2.0甚至3.0的时代，互联网信息消费的“去中心化”特征日趋明显，为了应对个性化信息传播的趋势，新闻网站需要摆脱传统媒体线性发展的思维，把握以产品为纽带的新的传播渠道，在新的媒体传播格局中占有一席之地，共同构建美好的安徽形象。

第五节　网络事件中的安徽形象

一、网络策划活动：“网络媒体安徽行”

（一）案例回放

“网络媒体安徽行”大型采访活动以宣传安徽省实施“861”行动计划、全面建设小康社会的战略举措为重点，全面推介安徽悠久的历史、秀丽的旅游风光、良好的投资环境及“生态安徽、数字安徽、信用安徽”建设取得的新成就，展示安徽人进取、奋发有为的新形象。自2004年以来，安徽省连续组织了几届“网络媒体安徽行”活动，通过全国网络媒体的集中报道，全面展示安徽的新成就、新形象。

（二）网络舆情

第一届“网络媒体安徽行”中200余家网络媒体对活动报道进行了转载，参加采访活动的近40名网络媒体记者共发稿700多篇、图片2600余幅，网上可搜索到与本次活动相关的新闻6万余篇，在互联网上真正刮起了宣传安徽的强劲“旋风”。在新华网发展论坛、中国新闻网社区、人民网强国论坛、新浪网论坛、天涯论坛等国内大型论坛上，网友们看到网络媒体对此次活动的报道后，纷纷发帖留言，表达对安徽的关注、钦佩、向往之情。

（三）形象影响

众多网络媒体通过集中宣传“网络媒体安徽行”活动，将安徽省的经济、人文、旅游、科教等各方面的状况清晰地展示在互联网上。例如，黄山风景区、西递、宏村、太白楼、采石矶等名胜古迹，以及闻名中外的徽菜、徽雕和宣城的文房四宝，都受到了大家的广泛关注。此外，以马钢、奇瑞集团、海螺集团等为代表的企业，也都通过网络媒体得到了最广泛的推介与传播，受到世人的关注。

（四）案例反思

第一，重点新闻网站等主流媒体拥有值得人们信赖的权威和品牌优势。重点新闻网站已成为党和国家的重要舆论工具，成为互联网上党和政府形象的代言人。集中这些重点新闻网站进行宣传产生的效果是惊人的。网络无国界，国内网络媒体的所有资源与信息都实现了同步共享。一个省在同一时间直接与如此多的在线媒体交流，数十家网络媒体如此集中地报道同一个地方，加深了人们对当地政治、经济、文化、旅游的全面了解，揭开了一个地区神秘的"面纱"，为安徽提供了向世界展示自己的舞台。

第二，在参加"网络媒体安徽行"的网络媒体中，搜狐网的记者格外引人注意。搜狐被正式定义为"有发布新闻资格的商业网站"。我们可以认为，商业网站的官方管理正在实现从茫然到规范化使用的转变，这也是管理水平和管理艺术的提高和完善。美中不足的是，其他的商业网站以及相关的"草根"网络论坛没有在邀请之列。而汇集民意舆论的恰恰是一些草根网络论坛，以后应加强注意与贴近民生的网络论坛的沟通交流，这样更能与网络舆情实现互动，强化网络塑造形象的互动效果。

第三，网络媒体强大的传播功能比传统媒体更具优势。在首届"网络媒体安徽行"采访活动中，近40名网络媒体记者参加了采访，发送了500多篇文章和2600多幅图片。国内外200多家网站对活动进行了报道和转载，网络上可找到5万余条与活动相关的新闻，实现了图片、文字、视频等多种媒体的全面传播。网络媒体强大的传播功能得到充分体现。这就启示我们，必须重视遵循网络的传播规律，最大限度地发挥网络媒体对地区形象的解读功能，帮助地方政府树立良好的、亲和的区域形象。

二、重大网络传播活动：第四届中国中部投资贸易博览会

（一）案例回放

2008年4月26日至28日，第四届中国中部投资贸易博览会（以下简称"中博会"）在合肥隆重召开，在各级领导的高度重视和各部门的努力及社会各界的全力配合下，本届中博会取得了巨大成功。这次盛会宣传了安徽形象，树立了安徽品牌，体现了安徽气魄，彰显了安徽特色，提振了安徽信心。展会结束后，安徽品牌知名度进一步提高，吸引了大批外国投资者和来访企业。进入"后中博"时期的安徽招商引资可以跃入全球视野，继续推动财富神话。

（二）网络舆情

中央及省市县网络媒体高度重视，力度空前，全方位、立体式地展示了中博会的盛况。中央驻皖新闻单位网站及安徽省网络媒体结合本网实际，突出本网特色，精心制订了详细的中博会网上宣传报道方案，紧锣密鼓地开展网上宣传活动。全省各市、县区新闻网站，如黄山新闻网、阜阳新闻网、淮北新闻网、六安新闻网、芜湖新闻网、巢湖在线、休宁信息网、黟县新闻网等20多家网站都链接转载中安在线的专题，营造了网上宣传中博会的热烈气氛。中央媒体及其网站的突出宣传，为中博会的胜利召开提供了有力的舆论支持。人民网推出了近2000字的通讯《大风起兮云飞扬——中部六省和国家有关部委共商化危机为契机》，新华网报道《菲律宾副总统表示，期待中国中部企业将菲作为投资海外首选地》《商务部将从七方面促进中部崛起》，中央电视台《新闻联播》以小角度切入大活动，播出《第四届中博会在合肥召开》。这些媒体的中博会报道肯定了安徽的“中部作为”、提振了“中部信心”，为加速中部崛起、应对全球金融危机出谋划策、鼓劲加油。

（三）形象影响

作为安徽省迄今为止最重大的一次经贸活动，第四届中博会的举办可谓“举全省之力”。博览会中的安徽形象，无论是良好的城市环境，还是市民的精神面貌，都在网络传播中得以一一呈现。安徽成功地通过中博会这一重大事件在网络上获得了足够的“注意力资源”，在短时期内提升了网络美誉度，也在一定程度上改变了原来的负面形象。

（四）案例反思

第一，重大会议、经贸交流、体育赛事、文化庆典等重大事件和活动，容易在短时间内收聚境内外网络媒体的目光，形成密集报道。因此，利用重大事件进行形象的集中策划、宣传，往往能起到事半功倍的效果。经贸交流是推介城市品牌的重要舞台。大型展览作为一种经贸交流形式，在提升东道主影响力方面具有特殊作用。举办大型活动的目的之一就是塑造区域形象，提升区域影响力。因此，将重大事件纳入形象塑造战略是可行之举。

第二，广泛的参与性是大型活动赖以成功的关键所在。居民及社区志愿者的积极参与和友好态度对区域形象的形成起着重要的潜移默化的作用。“再小的力量，也是一种支持”成为参加中博会服务的志愿者广为流传的一句话；“当好东道主，热情迎嘉宾”成为各类网站公益广告语。网络媒体的广泛动员和议程设置，将文明礼遇中外客商内化为当地社区居民的自觉行为，居民对事件的关注程度、情感投入程度及环境保护意识极大地影响着其对事件的支持，也影响着事件进程中网民对安徽形象的认识。

三、群体性事件：马鞍山局长打人事件

（一）案例回放

2010 年 6 月 11 日晚，安徽马鞍山市花山区旅游局局长汪国庆在开车途中与路上行走的中学生胡某发生纠纷，并动手打人。这场纠纷引起了周围公众的不满，酿成围观群众至少三四千人、持续时间达 5 小时的“群体性事件”。晚上 10 点 30 分左右，时任马鞍山市委书记郑为文赶到现场，站在一辆警车的车顶上，通过扩音器喊话，承诺政府会妥善处理此事，汪国庆当即被免职。

（二）网络舆情

在人民网发布的“2010 年第二季度地方应对网络舆情能力排行榜”入选的十件事件中，“安徽马鞍山局长打人”事件的应对总体较为得体，排在第一位，表明地方政府应对危机的能力显著提高。事件发生及过后，网络舆情转向支持政府的决定，对市委书记的喊话鼓掌叫好，网络新闻及帖子多以“马鞍山一局长闹市打人被就地免职”“网媒评地方应对舆情能力榜　马鞍山局长打人居首”为题，说明该事件在相当程度上已转危为机，较好地维护了区域形象。

（三）形象影响

马鞍山作为安徽省唯一的全国文明城市，其形象的构建传播关系到安徽省的形象。出现这一群体性事件无疑对安徽形象产生了一定影响。马鞍山市委书记郑为文勇于担当，敢于直面群众做工作，立即发表声明，对肇事的官员进行问责处罚，使得事态得以较快平息，没有引起更大规模的群体事件。

（四）案例反思

第一，对于突发性群体性事件，领导干部能否在第一时间亲临现场做群众工作，化解群众怨气，是处置事件成功与否的关键。

第二，郑为文的喊话得到了群众的支持，网友即时上传的 3 分多钟现场视频中，围观群众至少爆发出了 10 余次欢呼，为市委书记的承诺叫好。网络媒体参与此次重大突发事件报道，充分发挥其传播优势，第一时间发布权威信息和处理结果，消除了原来存在于政府和公众之间的信息不对称的局面，也极大地消解了一度紧张的官民对立情绪。这有助于政府部门在危机情境中掌控信息主控、主导权，占领舆论阵地，修复区域形象。

第三，网络舆论不仅是引发政府信任危机的催化剂，也是化解危机的灭火器。在这场危机中，地方政府并没有盲目封堵网络舆情，随着危机的妥善解决，网友也逐渐回归理性，转而支持政府的处理决策。事实证明，只要地方党政机关

认识正确、做法科学，互联网完全可以管理好、应用好，发展成了解民情民意的好媒介，成为决策参考的好帮手和官民互动的重要窗口。

第六节　网络语境下安徽形象的传播策略

互联网的迅速发展与网民力量的崛起，已催生出一个强大的网络舆论场。与传统舆论场不同，网络舆论场有其自身的话语体系和传播规律，对区域形象的影响更加深远。积极探索网络语境下安徽形象的传播策略，进而确立并完善塑造安徽网络形象的科学方法和长效机制，有着现实意义。

一、遵循网络传播规律

网络主体多元化。网络传播中，网络传播者既有专业的媒体从业人员，也有普通的网民，网民正逐步获得传播主体地位。在“网络媒体安徽行”活动中，国内多家网络媒体联合宣传，提高了安徽的美誉度。课题组调查显示，56.1%的被调查网民认为，该活动要拓展延伸，不要局限于官方网站，可以邀请有影响力的意见领袖加入，他们的宣传角度更贴近网民。

网络形式多样化。网络传播形式丰富，网络新闻专题等全媒体报道形式得以广泛运用。网络新闻专题利用其媒体优势，将文字、视频、图片等符号综合在一个页面或一组页面中，提高传播的综合效果。对于重大主题题材和热点事件的报道，网络新闻专题可以发挥网络的全部报道优势，更迅速地收集报道内容、更有效地整合网络资源，具有更全面的报道角度和手段、更广泛直接的互动。

网络传播政治化。互联网扩大了公民参与政治的机会，促进了政治民主、政治平等的发展。网民可以通过论坛、博客等形式进行意见表达，畅所欲言。区域形象的构建与传播中，政府部门通过网络平台，问计于民，会收到意想不到的效果。

网络报道平衡化。在网络传播环境中，省内网媒要坚持遵循平衡报道原则，坚持正面宣传为主的方针，但对本地信息不能报喜不报忧，对有损地区形象的事件缺席或失语。对于本地负面事件，本地媒体要积极介入调查，有责任及时向公众报道事件的进展情况，而不是一味“封堵”信息。只有平衡报道，才能提高媒体的可信度，公众对负面事件才能有全面、真实的了解，也会促使地方政府尽快解决相关事件，从而有利于地方政府形象和区域形象的传播。

二、科学设置议程

通过议题设置展示安徽良好形象。在具体传播策略上，要利用重大事件积极设置议程展示安徽新形象。课题组调查表明，安徽在文化庆典和经贸交流方面的网络报道成绩突出，在重大体育赛事方面的网络宣传有待加强。有62.3%的被调查网民对安徽在文化庆典方面的报道“印象深刻”，如节庆旅游报道“中国黄梅戏艺术节”“中国豆腐文化节”“中国李白诗歌节”“中国农歌会”等已经形成网络品牌。同时，有47.8%的网民对安徽经贸交流方面的报道“印象深刻”。近年来，网络媒体对第四届中博会、第二届中国国际动漫创意产业交易会等一系列重大活动进行了深入宣传报道。这些宣传活动主题鲜明、重点突出、内容丰富、格调昂扬、影响广泛。安徽成功地通过这些重大事件在网络上吸引了足够的“注意力资源”，并通过事件的强大号召力在短时期内促进网络口碑爆发性的提升，也在一定程度上提升了安徽的区域形象。调查表明，认可重要会议报道的网民数占比为37.7%，而认可重大体育赛事报道的网民数仅为24.6%。

三、正确处理危机事件

网络事件包括发端于网络的新闻事件以及由传统媒体报道后经网络传播、放大的有一定影响力的事件。网络事件既包括常发事件，又包括突发事件。网络事件主要有三种类型：道德事件、事故灾难、民生问题。网络事件如果处理不好，会损害政府的公信力，影响区域和谐发展。由于网络传播的迅捷性和网络把关的滞后性，网络事件的发生会给区域形象带来一定的消极影响。因此，政府及时、科学、有效地处理网络事件极其重要，对构建区域形象具有修正作用。如上文中提到的2010年发生的“安徽马鞍山局长打人”事件，由于地方政府应对得体，该事件在相当程度上转危为机，较好地修复了区域形象。

四、完善网络问政机制

在社会转型期，舆论监督作为制度监督的重要补充，一直被寄予很高的社会期待。作为网络监督的主要对象，政府与官员已然成为区域网络形象的窗口和名片。构建良好的区域形象不仅要靠自身的发展和实力的增强，同时也要靠广泛的舆论监督，提升政府工作的透明度和开放度。近年来，安徽各级党委、政府借助人民网、新华网、中安在线等平台，通过回复网友留言、召开网友座谈会、有关领导在线访谈、网上互动与“网下接访”结合等方式，积极构建网站与职能部门互动机制，“网络问政”越来越深入人心。创办于2003年1月17日的芜湖“市民心声”论坛是省内较早探索网络问政的先驱之一，论坛在运作过程中逐步建立起在线回复机制、媒体联动机制、在线访谈机制和政府督办机制，使“市民心声”从最初的网络论坛转化为城市民意社区，并且成为政府发现问题、解决问题的办公场所，成为政府与市民互动的有效载体，以极低的行政成本，获取了较大的社会效益。中安在线网站于2009年年底开通“网上问政”平台，在不到一年的时间里，共收到网友各类留言20 000余条，政府迅速反馈回复，绝大部分问题得到解决。淮南市“网络问政”不仅“上得去”，而且“下得来”，相关部门召开105次网民座谈会，参与网民超过1.3万人次，解答问题留言7000余条，网民跟帖讨论50余万条。“网络问政”的火热促使各地政府对网络民意高度重视。亳州市要求主要领导和职能部门负责人每月举行一两期在线访谈。宣城市启动了“网上政民互动”与“网下开门接访”有机结合，尝试“网上接访”的新模式。安庆市“网上问政”承诺“能办的事必须马上办，不能办的事必须给说法”。

五、提高官员的亲媒度

在网络传播时代，提升政府网络传播的透明度和政府官员的亲媒度，善待、善管、善用网络媒体，这些都是改善区域形象的可行路径。亲媒度是指政府和官员应对网络媒体以及普通网民的能力和水平。实践证明，亲媒度越高，越有利于政府形象的打造和区域形象的提升。调查显示：安徽政府和官员的亲媒度有待提高，56.5%的网民认为安徽政府和官员的亲媒度“一般”，27.5%的网民则认为“较弱”，仅11.6%的网民认为亲媒度“较强”。

网络新闻发言人制度是政府提高亲媒度的有效载体，体现了政府对社会和公众的开放态度。安徽省教育厅已在全省首先开展网络新闻发言人工作。接近50.7%的被调查网民认为安徽应加紧完善网络新闻发言人制度，由网络发言人及时对外发布政务信息，并就网络媒体和公众关心的相关问题进行答复，为安徽树立改革开放和经济发展的良好形象营造良好的舆论环境。

六、提升网络媒体传播力

网络传播主体多元，但新闻网站与博客、播客等自媒体相比，更具有权威性和公信力，在区域形象的传播中是凝聚受众的一种有力工具。安徽新闻网站要通过加强创意策划、加强舆论引导、提升新闻网站的亲和力等手段来增强新闻网站的传播力。

加强创意策划。网络传播主体要使虚拟世界的影响力转化为现实的影响力，需要经常性地策划各种形式的活动，与网民之间建立起稳定的互动。同是省级门户网站，浙江在线和中安在线都设立了论坛和网络问政平台。课题组成员通过统计发现，浙江在线在2010年12月推出了“年度浙江骄傲评选”“民间文化使者征集”“台历宝宝评选”“创先争优闪光言行展示”“年终盘点”等十多个系列策划。相比之下，中安在线在2010年12月仅推出了“我为‘十二五’建言献策”

和“全省政务公开考评”等几项策划和活动，而且都是以政务为主要内容，缺少与普通网民生活贴近的策划，这对于提高影响力是非常不利的。

加强舆论引导。实践证明，通过主流论坛的政论、时评来影响公众舆论，进而转变地区形象，这是非常有效的手段。权威言论可以及时地帮助网友把对舆论客体的感性认识向理性认识转化。与周边省市相比，安徽本地论坛散、小、乱的局面依然存在，舆论引导能力也比较有限。这既需要各大论坛加强自身建设，也需要政府部门制定相应的管理措施，在资金和政策上对有潜力的重点论坛给予扶持，掌握网络舆论宣传阵地的主动权，正确引导网上舆论。

提升新闻网站的亲和力。亲和力是指媒介能够使受众产生亲近的愿望，使受众产生“真正的交流与意义共享”的感觉。建立在“相似与差异”基础之上的传者与受众之间的意义共享，有利于新闻网站对区域形象的建构与传播①。

七、打造网络文化品牌

区域形象的建构与传播与区域文化的提升相辅相成。以近年来公众媒介对于丽江古城的形象建构与传播为例：借助公众媒介的滚动传播，丽江古城迅速在高素质的人群中形成“心灵的休憩地”“文化艺术殿堂”“寻幽访古佳处”“民俗文化圣地”等良好的区域形象，这种良好的区域形象又带动和提升了区域文化的发展，然后再反哺区域形象的建构与传播②。

目前，省内各新闻网站均以发布新闻资讯为主，对挖掘安徽厚重的历史文化方面的内容重视不够，网站的徽派特色还不明显。安徽文化底蕴深厚，皖北地区孕育出了以老庄哲学、淮南子、建安文化为代表的思想学术流派，保留下来三国文化、明皇陵等历史遗存；皖南地区的徽文化内涵丰富，这些都是网络文化产业取之不竭的创作源泉。相关部门和人员要对安徽民间故事、在安徽境内发生的重大历史事件、安徽历史名人故事等加以整理挖掘，同时与现代的网络文化技术相结合，贴近现代人的心理特征，增强文化内容的时代性和创意性，选取不同视角展示和解读安徽文化，创造出具有安徽特色、体现时代精神、品位高雅的网络文化品牌。

八、培养公民媒体素养

网络传播环境中提升安徽网民的媒体素养，是安徽形象塑造的关键一环。媒体素养是指现代社会里的公众对于传媒本质特征的一种基本认知和解读、评判、

① 杨博智．论新闻网站对区域形象的建构与传播［D］．南宁：广西大学，2008.
② 杨博智．论新闻网站对区域形象的建构与传播［D］．南宁：广西大学，2008.

接收、利用传媒信息的实际能力①。媒体素养关系到公民如何解读和使用媒体信息，更关系到信息的传播效果。

良好区域形象的树立，关系到本区域的每一个公民，公众传媒则充当了凝聚受众的一种有力工具。一方面，传播媒介能向广大受众发出号召，能够树立榜样和典型；另一方面，一些不利于区域形象的信息，在新传媒环境中其传播的速度会更快、传播的范围会更广。作为一名公民，如何理解媒介所发出的这些信息，其基本的媒介素养是主要的决定因素。在课题组所作的“您认为网络中盛传的有关安徽的负面新闻，是否真实反映安徽形象”的调查中，有23.5%的被调查网民认为“多数反映”，49.3%的被调查网民认为“部分反映”，仅有2.9%的网民认为“绝对反映”。由此可见，绝大部分网民的媒体素养是好的，对网络负面新闻有自己的评判和解读能力。

网络传播环境中，广大网民是安徽网络形象宣传和接受的主体，安徽要实施媒介素养教育，提高每个网民的媒介素养，加强自律，文明上网，形成和谐健康的网络文明生态。

① 何辉，刘朋．新传媒环境中国家形象的构建与传播［M］．北京：外文出版社，2008：20.

第四章　政务微博与安徽政府形象建构研究

第一节　政府形象研究现状及现实意义

一、研究现状

政府形象是指公众对政府在处理经济和社会事务中的行为的总体印象和评价。良好的政府形象是政府拥有的一项宝贵的无形资产和社会资源，也是政府管理发挥有效作用的重要前提因素。目前学界关于政府形象研究主要分三类：一是公共危机管理中的政府形象的维护。代表文章有《危机事件中我国政府形象传播的问题研究（范翔，2012)、《政府形象媒体危机的处置策略研究》（曹劲松，2012)、《正确应对网络危机，提升政府公信力》（旷晖，2012）等。二是政务微博中的政府形象塑造。代表文章有《微博时代政府形象传播的机遇和挑战》（史丽琴、耿步健，2012)、《试论政务微博对政府形象的提升》(2012)、《政务微博的政府品牌形象塑造策略》（林伟豪、廖宇、翁晓玲，2012)。三是政府评价指标体系构建。代表文章有《网络舆情视角下中国政府形象评价指标体系之构建》（郑重、张星、聂冰，2012)、《公民参与政府绩效评估探析》(陈艳珍，2012）等。

目前，针对安徽政府形象的研究为数不多。互联网传播影响力日益增强，传播认知效果逐步深化，政府网络形象传播与维护已成为政府公共管理的一个重要方面。随着政务微博的开设，政府行为和活动越来越多地暴露在公众视野之中。政务微博将政府和公职人员的后台行为前台化，是研究政务微博应用于政府形象塑造的一个大背景。政府形象塑造既包括常态下的沟通与传播管理，也包括危机应对能力。本课题将从网络传播及舆论发展规律角度对安徽政务微博中的政府形象建构进行专题研究。

政府形象是政府的理念和行为在公众心目中的能动反映。而网络的迅速发展为公众认识政府、评价政府提供了反馈渠道。近年来，政务微博迅速发展，“微博问政”成为政府施政的新桥梁。“微博问政”是政治运作的一种新模式，也让社会各界重新审视微博的力量。政务微博使得普通公民可以在微博上参政议政，参与社会治理，成为塑造政府形象的新阵地。本课题拟充分调查安徽政务微博的发展现状，结合网络媒体自身所特有的传播规律，从“微博问政”层面提出提升安徽政府形象的对策建议，为相关决策部门提供参考。

二、研究方法与研究意义

良好的政府形象是政府拥有的宝贵无形资产和社会资源，也是政府管理有效发挥作用的重要前提。安徽政府媒介形象是安徽软实力的重要组成部分。近年来，政务微博发展迅速，如何利用政务微博平台扩大安徽的影响，从而塑造良好的政府形象，这是安徽发展过程中不得不考虑的重要课题。本课题拟采用内容分析与文本分析相结合、个案分析与综合研究相结合、定量分析与定性分析相结合的研究方法，通过分析安徽政务微博中政府形象的传播现状，提出通过政务微博塑造良好政府形象的建议，以期最大限度地赢得网民的舆论支持和形象认同，对提升安徽政府形象、规划未来发展具有积极意义。本课题从传播学角度分析影响政务微博中政府形象传播的诸多要素，具有一定的创新价值。

第二节　政务微博中政府形象建构要素

政务微博是政府实施电子政务的一部分，是各级政府实施网络问政、了解民意、汇集民智和官民沟通的重要平台。近年来，政府微博的快速发展使得普通公众与政府在微博上直接对话成为可能，成为政府塑造自身形象的新阵地。

一、政府形象建构要素

在现代媒体环境下，政府形象传播是一个动态的、交互的、复杂的双向传受过程，要建立良性的政府形象传播的责任体系及相关机制，必须对这一传播过程中的各个要素进行仔细分析，找出要素与要素之间的内在联系，并确定它们在政府形象传播效果上所发挥的作用。从传播过程的环节来看，政府形象传播的要素主要包括事实信源、传播主体、传播载体、价值框架、传播效果和受众认知六个方面①。

---

① 曹劲松．政府形象传播的要素与责任［J］．青年记者，2010（19）：36-38.

二、影响政务微博形象传播的要素

课题组成员依据上述理论，分析影响政务微博中政府形象传播的诸多要素。

（一）政务微博中的信源

准确真实的信源是推动良好政府形象传播的前提。政务微博中的信息，部分采自专业媒体，部分来源于政府机构的原创政务信息，另外还有转发的微博或网络信息。由于微博或网络信息缺乏传统意义上的“把关人”，因此转发这两者的信息就可能为不实信息。政府形象传播的前提是表达真实、可靠、权威的信息，堵塞、澄清和消解不真实信息的传播源头、传播渠道和传播影响，让公众始终能够从政府的信源中获得真实的信息。因此，为了保持权威性、真实性和公信力，传递一个真实可信的政府形象，政务微博应谨慎转发网络信息。

（二）多元传播主体

在政务微博的舆论信息传播中主要涉及两个主体，即政府和社会公众，不仅打破了传统的自上而下、层层过滤的“金字塔式”单向舆论传播秩序，同时打破了政府形象塑造的单一主体格局。传统的政府形象传播模式是一种自上而下的“单向输出”传播模式。这种模式的传播源是政府，它将政府形象通过传统的主流媒介输出给社会公众，公众作为单纯的受众，无法对政府形象进行社会评价。政务微博的出现在一定程度上改变了政府形象的传播模式，“双向互动”传播模式逐渐成为一种发展趋势。作为一种“点对面”的“自媒体”通信工具，政务微博通过平等双向的即时反馈过程，公众可以通过政务微博一方面接受官方输出的政府形象，另一方面输入自身对政府形象的认知和评价①。

（三）传播载体

以政务微博为一级传播载体，普通网民的微博和传统媒体是二级传播载体。同时，以人际交流形成的口头传播依然发挥着重要作用，并在网络技术的催生下更加便捷，成为政府形象传播中一个不可忽视的渠道和载体。

（四）价值框架

如果说微博是一种社会公众的自媒体，政务微博则是政府机构的“自媒体”，其反映的价值坐标、传播理念、微博管理者的职业精神和追求，都会对传播内容本身的构建产生影响，进而作用于政府形象传播。从功能定位上看，政府微博的发布应该是一种行政行为，微博管理者相当于一个不出现的新闻发言人。政务微博通过百姓化的网络语言与百姓进行平等的交流。其宗旨是创新社会管理

---

① 车佳益，赵泽洪．政务微博中的政府形象塑造［J］．理论导刊，2012（10）：8-11.

形式，执政为民，为舆论正本清源。

（五）传播效果

政府形象借助媒体传播能够达到的效果，是衡量政府形象传播的重要标准，因此也成为政府形象传播的核心要素。传播效果通常包括媒体覆盖范围、媒体传播时效、信息显著度和到达率、受众互动参与质量等具体方面[①]。政务微博可以从微博活跃度、微博舆论传播力、微博引导力、微博亲和力四个指标来衡量。微博活跃度越高，政府与公众的互动就会越频繁；微博传播力越强，微博所发布的信息就会越广、越快、越有影响力；微博舆论引导力越强，微博发布的信息在网民中的受关注度和认可度就越高；微博亲和力越强，该微博就拥有更好的形象，官民互动交流就更充分。具体的参数有微博数、微博原创率、粉丝数、转发数、评论量、评论倾向指数等。

应当看到，政务微博形象传播效果的形成并不是建立在由传者到受众的单向传播基础之上，而是建立在传者与受众、受众与受众乃至不同的传者之间的多向互动的基础之上。政府形象传播必须注重传播中的互动环节，通过开放、持续的信息供给，着力提高传播互动质量，实现传播效果的优化。

（六）受众认知

受众认知是政府形象传播的归宿。政府形象所传达的信息不仅要告诉受众相关内容“是什么”，而且还必然包含“为什么”的问题，也就是向受众传递基于某种立场和逻辑的观点，期望得到受众认同和支持。观点认同是受众理性认知的过程，也是政府形象能够在受众中得以生根和丰富的过程。因此，政务微博中要加强对政府决策和行为的解读，实现受众对政府决策和行为的观点认同至关重要[②]。

第三节 政务微博在政府形象塑造上的优势

一、政治性与公共性：彰显务实高效政府形象

政务微博中的传播主体是政府组织。政府组织与一般社会组织相比较，具有政治性的特点。在西方的政府发展史上，以亚里士多德为代表的自然论认为，人是天然的政治动物，人类因社会生活、维护秩序和控制社会的需要使得政府产生。以卢梭为代表的社会契约论认为，人们为了摆脱自然状态的不便，保护其生

① 曹劲松．政府形象传播的要素与责任［J］．青年记者，2010（19）：36-38.

② 曹劲松．政府形象传播的要素与责任［J］．青年记者，2010（19）：36-38.

命、财产和自由而自愿订立契约，由此建立政府[①]。政务微博作为政府组织的传播平台，不可避免地会打上政治烙印。政务微博传播内容必须反映政府意志，相关政策法规通过政务微博发布传播，有助于增进公众对政府行为的理解和认知，塑造良好的政府形象，提高政府的美誉度。在我国网络舆论生态中，话语多元，可分为官方话语、知识精英话语、草根话语三种话语体系，政务微博是从国家和政治意识形态立场发布信息，为官方话语传播提供主阵地，为建设中国特色话语体系搭建载体。

政府组织还具有公共性的特点，政府产生、存在和发展的目的是公共利益、公共目标、公共服务以及具有公益精神的意识形态等。从政府公共关系活动开展的角度来看，政府公共性要求其实现和维护绝大多数人的合理正当利益而不是少数人的利益[②]。同样，政府组织利用政务微博平台发布政务信息，开展微博问政，应对网络舆情危机，必须以维护社会公共利益为基准点，对社会和公民负责。以民为本，倾听民意，汲取民智，化解社会矛盾，服务民生，充分尊重和保障公民的知情权、表达权、监督权和政治参与权，这是政务微博的本质属性和内在要求。当前，我国政务微博朝着管理制度化、信息透明化、互动常态化、服务实体化、监督立体化方向发展，无不体现为公共利益服务的目标，彰显出务实高效的政府形象。

二、媒体性与行政性：铸造民主法治政府形象

政务微博既是官方，具有媒介功能，又是政府组织推行电子政务的一个组成部分自媒体，也就是说，政务微博既是政府的施政桥梁，又是对政府行为的传播和解释。因此，发布政务微博既是传播行为，也是行政行为。

作为媒体，政务微博可以设置议程引导舆论，具有信息传播、文化传承、环境监测、社会协调、文化娱乐等功能。政务微博以传播政务信息为主，兼有服务信息和文化娱乐信息。旅游部门的政务微博发布大量地方文化信息，成为推介区域形象的窗口。地震部门的微博可以第一时间发布地震等自然灾害信息，公众关注的反腐信息也可由纪检部门的微博第一时间发布，体现了环境监测功能。政务微博作为政府公共关系的一个手段，具有较强的社会协调功能。如遇到突发公共事件，政务微博积极应对，能有效缓解舆情热点，化解社会矛盾。作为媒体性的政务微博，发布政务信息是政务微博的第一要务，凸显透明政府形象。

政务微博与一般微博相比，背靠公权力，是政府部门依法行政、实施社会管理的一部分。政府组织可以通过微博问政，深入了解民意，广泛汲取民智，能推

---

① 谢庆奎．政府学概论［M］．北京：中国社会科学出版社，2005：17-32.

② 刘智勇，刘梦琴．形象视阈中的政府公共关系论纲［M］．成都：四川大学出版社，2011：35.

进决策的民主化和科学化，提高行政效率。政务微博提供公共话语平台，实现民间舆论场与官方舆论场的有效对接，有利于协商民主政治的形成，提高政府的公信力，推进民主政府的建设。依法行政是建设法治政府的前提，政府部门通过政务微博推行电子政务，实现政务公开，接受公众监督，为建设高效、法治政府提供重要保障。

三、权威性与亲民性：强化信用爱民政府形象

政府组织又称行政机关。行政机关的权力是国家宪法和法律赋予的，具有至高无上的权威。政府凭借自身掌握的权力以及在社会管理和公共服务中得到的人民认同、威望和公信力，在整个社会中发挥组织管理、监督指导的作用。政府机构在内外部信息获取、整理、发布等方面处于无可替代的地位，而且由于政府特殊的社会政治地位，政府对外传播的信息也容易获得人们的信任①。政务微博的信息来源于政府组织，在公众心目中天然具有权威性，与一般微博相比具有无可比拟的公信力。政务微博门类齐全，公安、教育、司法、纪检、卫生、环保等部门均开通了微博，与公众媒介相比，具有权威性、专业性的优势，比如司法部门微博发布的政务信息具有司法专业水准，公安微博对交规的深入细致解读，更能赢得网民的青睐。目前，一些政务微博已经成为传统媒体的重要信源。

政务微博用语亲切、感性，贴近普通公众。政务微博畅通官民对话渠道，拉近官民距离，塑造亲民的政府形象。政务微博为公众提供话语场，能够汇集民意，反映民声。政府及时解决群众反映的问题，为民排忧解难，有利于提升政府的执行力。与民互动，为民办事，全国许多政务微博开通了“微博办事厅”等服务性栏目。政务微博更加务实勤政，架起了从“问政”到“施政”的桥梁，政府部门通过新媒体听民意、聚民智、办民事，创新社会管理方式，提升公共服务效率。

第四节　政务微博中政府形象传播的现实困境

一、政务微博中政府形象传播的单向宣传思维

政府形象传播涉及三个层面：政府的行政行为、媒介对政府行政行为的解释、公众对政府行政行为的认知。传统的政府形象传播模式是自上而下的单向灌输模式，公众对政府形象只能被动地接受，缺乏交流和反馈的渠道。在网络环境

① 刘智勇，刘梦琴．形象视阈中的政府公共关系论纲［M］．成都：四川大学出版社，2011：74.

中，公众不再是单向接受，公众的认知可以反作用于政府形象，因此，政府形象具有多元传播主体，即政府、媒体和公众。政府微博具有互动性传播特征，本应是顺应信息化时代而建立的与公众互动的综合信息和公共服务平台，但当前仍旧有部分政务微博在政民互动方面尚未发挥其应有的效用。这类微博以发布信息为主，还没有开辟栏目问政问需于民。政务微博如果仅仅将公众作为政府信息被动的听者，会加剧政府和公众之间的信息不对称，导致公众无法全面理解和接受政府政策及相关行动，甚至产生对政府的猜疑和抗拒心理，严重影响公民对政府民主透明形象的印象和评价。

二、网络公共事件中政务微博“不作为”或“作为不当”

有管理学者认为公共事件就是“在某种状况下，由于缺乏准确预测或者有效预防而发生的，危害公共利益与公共安全的意外事件”①。公共事件根据成因可分为自然突发事件、官员道德事件、人为突发事件。当前，城乡、区域、社会经济发展不平衡，收入差距拉大，公众存在压力感、焦虑感和不公平感。公共事件发生时，微博、微信等新媒体会在第一时间聚焦，引起网民情绪共振，形成网络舆论热点。政务微博具有行政属性，对关涉该地区或该部门的网络公共事件应予及时回应，引导网络舆情。政务微博对网络公共事件“不作为”或“作为不当”，会降低政府公信力，有损政府形象。

三、缺乏影响力的政务微博成为“沉默的大多数”

国家互联网信息办公室的数据显示，截至 2013 年 11 月底，全国微博客账号总量已突破 13 亿；新华网舆情监测分析中心统计数字显示，截至 2014 年 11 月底，我国政务微博认证账号（含新浪微博、腾讯两大平台）达 27.7 万个。相较于个人微博，政务微博数量上不占据优势，在人人都是“麦克风”、人人都可以“喊话”的全民传播时代，如何让官方话语成为优势意见，这是政务微博发展中面临的一个挑战。拥有 13 亿账号的微博网民中间隐藏着大量行业领域内的专家，他们开辟的微博含有丰富的专业知识，可以为粉丝提供专业化的指导，有较强的传播力和影响力。由新华网舆情监测分析中心发布的《全国政务新媒体综合影响力报告（2014）》显示，短短几年，我国政务微博取得了长足发展。但从整体表现来看，部分城市在原创度、政务类信息占比、文字图片采编质量等方面距离“第一梯队”仍有明显差距，政务新媒体运营质量亟待提高，即仍有相当一部分

---

① 李泽洲．建构危机时期的政府治理机制——谈政府如何应对突发性公共事件及其危机［J］．中国行政管理，2003（6）：6-10.

政务微博发布信息单一，服务手段落后，没有建设完善的政民互动体系，服务理念陈旧，成为“沉默的大多数”。这样的政务微博，失去了官方应有的话语权，不能有效传达出政府声音，公众对政府形象缺乏认知，公信力和影响力无从谈起。

第五节　常态传播中的政府形象

一、安徽政务微博中政府形象的建构特点

（一）政务新媒体开通增长率较高，彰显先进政府形象

根据本课题组的初步统计，截至2013年7月23日，在新浪开通的安徽境内的政务微博共708个（本统计仅为政府机构微博，不包括政务人员微博）。合肥政务微博有135个，芜湖有25个，淮南有41个，马鞍山有73个，淮北有18个，铜陵有37个，安庆有51个，黄山有52个，滁州有20个，阜阳有36个，宿州有51个，六安有33个，亳州有16个，池州有17个，宣城有32个。截至2015年3月8日，在新浪开通的安徽境内的政务微博为1298家（本统计仅为政府机构微博，不包括政务人员微博），比2013年7月份增加了590家，16个地市均有不同的增幅。合肥市微博数处于领先地位，与省会城市的经济地位相符。蚌埠、马鞍山位列第二、三位。池州的微博数较低，增长也较为缓慢，与池州在全省的经济发展水平相吻合。

2013年7月至2015年3月，滁州政务微博开通增长率最高，达415%；宣城微博增长率位列第二，达193%；淮北位列第三，达183.3%。16个地市均有不同程度的增幅，说明安徽各个地市对政务微博这种新媒体的认识逐步加深，主动适应新媒体传播环境，与时俱进，在依法公布政务信息、推行电子政务、实行微博问政、创新社会管理方面有长足进步，彰显出先进政府形象。

（二）集群发展，构建高效透明政府形象

从发展方式来看，集群化发展已成为安徽政务微博发展的趋势。政府部门联合建设微博发布厅，促进政务微博集群化发展，形成一个在新媒体舆论场集群发出安徽声音的微博矩阵。截至2015年3月9日，进驻“安徽微博发布厅”的政务微博数已达85家，其中省直部门有23家，市县部门有62家。政务微博集群化发展能加强部门间信息流通共享，有效促进政务信息公开，有利于政府获取社会公众的信任和支持。微博集群不仅让便民服务信息更加多元化，而且拓宽了网友反映问题的渠道，提高了政府的执行力，提升了政府传播力。

安徽发展较为成熟的政务微博能充分发挥微博这一新媒体的传播优势，有效引导网络舆论，塑造高效透明的政府形象。从课题组统计的 85 个政务微博来看，排名靠前的政务微博，其微博美观度、微博受关注度、微博亲和力、微博互动等指标均得分较高。涉及该部门的政务信息发布及时，原创率较高；微博栏目设置合理，结构清晰；微博信息内容短小精悍、生动活泼，贴近网民，摆脱了政务微博高高在上的面孔；微博页面美观大方，具有标识系统，服务性信息较多。如“安徽发布”是安徽省互联网信息办公室的官方微博，2014 年在安徽外宣系统微博影响力排行榜上位列第二。其栏目设置合理，“微播江淮”让网友及时了解到全省的重要信息，“民生连线”“政策传真”等为网友提供了暖心的服务，“山水安徽”“人文安徽”“安徽好人”等宣传了八皖大地的秀丽风光、厚重积淀，展示了安徽良好的区域形象。

城管微博联动发声，协同服务。2014 年 3 月 25 日，全国首家城管系统微博发布厅——“合肥市城管局发布厅”在新浪网正式上线。合肥市城管局发布厅汇集合肥市城管局的各个下属单位，建立集督察、咨询、服务等于一体的信息化沟通交流平台，促使合肥市城管局的管理更加公开和透明，也丰富了城管志愿活动的形式。发布厅正式上线后，就组织各个区城管微博以“微访谈”的形式，帮助商贩和市民实实在在解决一些问题，以及征集一些好的建议。首批入驻“合肥市城管局发布厅”的微博包含合肥市直部门、县（市）区以及城管系统先进个人，如@瑶海城管在线、@庐阳城管在线、@包河城管在线、@周金金 gg 在线等。作为面向社会公众服务的网络平台，合肥市城管局发布厅成功实现了通过微博访问城管，充分发挥微博在城管工作中的强大功能，努力实现各部门协同应用一体化、公众服务人性化。

（三）微博问政落到实处，树立民生政府形象

政务微博为公众提供了话语场，能够汇集民意，反映民声，能够将群众反映的突出问题汇集起来，通过政府为民做事，将公众的意愿落到实处，为民排忧解难，真正做到以民为本，初步形成微传播环境下的聚合力，有利于提升政府的执行力。如安徽十大政务微博之一的“安徽省教育厅”微博以便民服务见长，招生、就业、安全教育等信息比较完备，实用性较强，满足了网民的实际需求。安徽省教育厅通过政务微博平台，倾听群众对教育工作的意见和建议，掌握教育方面的舆情动向，及时办理和答复群众提出的问题咨询和投诉建议。建立完善政务微博留言、评论、私信的办理机制，通过分办、督办和答复等一整套程序，借助网络虚拟平台，努力为群众解决现实问题。在办理工作中，政府相关部门注重发挥既有的教育热线、规范办学平台等作用，实现政务微博与其他平台的有机衔接。

“马鞍山发布”既是马鞍山市委宣传部的官方微博，又是安徽外宣系统微博成长起来的新锐力量。2014 年，“马鞍山发布”在安徽十大政务微博中排名第四。该微博及时反映马鞍山经济社会发展中的新成就，关注民生、服务百姓，帮助农户销售滞销的农产品，积极回应民生诉求，帮助市民解决生活中遇到的难题与困惑。“马鞍山发布”注重线上线下互动，服务民生，联合市直单位微博力量，策划开辟微博栏目“微帮忙”“马鞍山求职”“马上办”等，开展线下活动。

（四）公安微博具有领先优势，塑造法治政府形象

进驻“安徽微博厅”的职能部门集中在外宣、公安、教育、旅游、司法、气象等部门，这些部门的微博信息发布及时，服务性、实用性、互动性都比较强。其中，公安部门利用微博发布信息、提供服务、发布案件进展，提高了办案效率。

公安系统微博具有领先优势。2013 年安徽排名前十位的政务微博中，公安系统微博有 5 家，占有比率达 50%。2014 年度新浪网公布的安徽政务微博影响力排行榜中，进入前十名的，公安类的政务微博仍以强劲之势占据 5 席。与其他类型的政务微博相比，公安类微博成为数量最多、最有实力的政务微博群。安徽公安厅微博是利用政务微博进行舆论引导的成功范例。该微博发布形式灵动活泼，漫画、视频幽默诙谐，知识性、趣味性兼具；微博用语贴近网民，具备了平等、感性、可亲近等元素，有助于消除社会阶层之间的鸿沟，消弭对立情绪，有利于提升政府舆论引导力。微博设置了“江淮警事”“警营风采”“警民连心”等栏目，彰显人民公安依法办事、执法为民的法治精神。公安微博塑造了法治责任政府形象。

（五）政务人员微博人气旺，提升亲民政府形象

政务人员实名认证微博是官员与公众沟通、信息发布和倾听民声的重要途径。近年来，安徽政府官员实名认证微博或政府部门工作人员实名认证微博不断增多，影响力也日渐增大。截至 2014 年 10 月，安徽已有 453 个相关微博。新浪“2014 三季度安徽政务微博排行盘点”显示，@法医秦明在第三季度中以粉丝数 225 615、传播度 38、覆盖度达 274 等成为最具影响力的政务机构人员实名认证微博。铁路乘警@凌志九号、中警网安徽频道管理员@丫头的静在公安系统个人微博影响力排名中分别位列第二名和第三名。公安系统个人实名认证微博注重互动，发布内容丰富，图文并茂，长短微博结合，微博符号使用到位，在传播“守护一方平安”的职业精神、拉近警民关系、促进官民对话等方面起到了积极作用。

政务人员实名认证的微博具有双重属性，既折射个人的知识素养、精神风貌和人格魅力，也渗透着党和政府的执政理念，是对所在政府组织的有效营销。纵

观2014年安徽省公安系统、旅游系统、司法系统、团委系统个人微博影响力前五名的微博，这些微博有着共同的品质：与网民坦诚沟通，没有官话套话；发布内容贴近百姓；阳光传播，弘扬社会主义核心价值观。

二、安徽政务微博在政府形象建构方面存在的问题

（一）发展不平衡，有影响力的微博增长缓慢

从统计数据来看，2015年“安徽微博发布厅”中开辟的85家政务微博，粉丝数在100万以上的有3家，即“安徽省公安厅”“安徽省教育厅”和“安徽发布”，粉丝数量在1万以下的有47家，占总数的55.3%。与2013年相比，安徽新开辟政务微博数在增加，但有影响力的微博增长缓慢。客观地说，政务微博不能以追求粉丝数为终极目的。然而粉丝数越多、影响力越强是不争的事实。当突发事件发生时，政府需要在第一时间持续发布官方权威信息，粉丝数的多少至关重要。粉丝数越多，转发评论量越大，主流舆论传达越迅速，有利于争取舆论引导的主动权，可以有效防止流言和谣言在网络舆论场的滋生。排名靠前的政务微博日常运营更显成熟，逐步向互动型、问政型、服务型过渡，以更亲民、更积极、更加注重互动的特点呈现在网友面前。排名靠后的微博，发布形式单一，在微博美观度、微博引导力、微博传播力、微博亲和力、微博互动等方面亟待加强。缺乏影响力和美誉度将直接导致政府形象的传播效果弱化。

（二）领导重视不够，出现“僵尸微博”

根据统计，进驻“安徽微博发布厅”的85家政务微博①中，出现了“僵尸微博”，一周发布微博数为零的有10家。课题组调研了解到，安徽政务微博管理人员有一部分是兼职，没有经费支持。这无疑反映出有关部门对政府新媒体的快速发展态势估计和认识不足，没有给予足够的重视。

（三）功能定位不清，话题设置欠规范

虽然政府部门已经开通了微博，但总体而言，仍有一些机构对微博的定位和使用缺乏清晰的认识，影响了微博的使用效果，从而影响了政府的形象。例如：一些县级政务微博没有明确的服务目标和服务对象，传播内容杂乱，发布的既有地方政务信息，又有国内外时政、保健知识等。

（四）参政议政性不够，缺乏与公众的有效互动

每个政务微博都是代表政府形象和管理服务功能的窗口，如果政务微博仅例行公事般地发布几条信息而对网民留言不闻不问，会影响网民参与的积极性。课

① 数据来源：课题组统计，统计时间；2013年6月4日—6月11日。

题组经统计发现，很大一部分安徽政务微博以发布信息为主，问政问计于民的不多，互动性不强，回帖率不高。从统计的 85 家政务微博来看，目前仅有“安徽公安在线”“安徽省教育厅”少数几家微博对网民的留言有所回复。

第六节 政务微博塑造良好政府形象的建议

一、个性传播：传播理念彰显政府行政特色

政务微博应确定合理的政府形象传播理念。政务微博要有明确的定位，用简洁概括的语言，表达政府的价值取向、管理哲学、服务理念等，对内指导政务微博规范运营，对外可以增强政府形象的识别性和彰显个性化，从而促进公众对政府形象的良好认识和评价。目前，政府有以下几种倡导的理念：服务型政府、法治型政府、信用型政府、民主型政府、人本型政府、高效型政府和复合理念型政府等。政务微博从功能划分主要分为：媒体型微博、服务型微博、问政型微博、综合型微博。媒体型政务微博以发布政务信息为主，如中国政府网政务微博的定位是“第一时间权威发布国务院重大决策部署和重要政策文件、国务院领导同志重要会议活动等政务信息”。国家地震台网官方微博的定位是“24 小时监测全球地震活动，第一时间权威发布国内外最新地震消息”。此类微博定位清晰，彰显透明高效政府形象。服务型政务微博以服务民生见长，如安徽教育在线是安徽省教育厅官方微博，其定位为“开展便民服务，深化政务公开，倾听群众心声，展示教育工作”，传播服务型政府形象。问政型微博为网民搭建互动平台、接受网民意见投诉，如问政银川的定位是“银川党务政务网络平台的工作专用微博，主要功能是督促督办，受理银川市民的一般性事务性投诉”；问政银川坦诚对待社会化监督，强化民主型政府形象。综合型微博涵盖上述几种功能，如上海发布的定位是“飞驰中构建城市蓝图；奔跑中传递城市变迁；信步时欣赏城市美景；闲坐时叙说城市故事”。其散文化的语言风格勾勒出人文城市形象，凸显人本型政府形象。政府微博定位清晰可以提高运营效率，增强公众对政府行为的认同感，提升美誉度。

二、依法传播：主动全面公开政务信息，保障公民知情权

政务微博是政府电子政务的一部分，传播政务信息属于行政行为，及时传播政务信息就是依法行政，否则属于惰政懒政行为。政务微博应以积极主动的姿态加强与公众的传播沟通，主动全面公开各类政务信息，充分保障公众的知情权，

主动及时地将公众对于政府政策、对于政府形象的认知反馈给决策者，成为政府与公众的沟通桥梁，提高公众对政府形象的认知度。

政务微博的媒体属性也要求其必须及时传播。及时性是新闻媒体的生命力所在，在网络舆论场中，政务微博发布政务信息或者应对网络舆情如果消极、被动、拖拉，这样的政务微博只会成为“沉默的大多数”，淹没在信息的汪洋中。重要的政务信息及时公开，满足公众的信息需求，及时回应关涉该地区或该部门的网络舆情，政务微博才能提升公信力和影响力，成为优势意见方，引导网络舆论。

相关部门应加强政务微博中政务信息公开建设的制度化，加大责任监督机制的建设力度，明确政务微博中政务信息公开的原则、具体内容、程序等，对公众关切的重要政务信息不及时公开的行政不作为和信息“过滤公开”的行政乱作为以及对网络公共事件政务微博不作为的现象实行严格的责任追究，重视发挥新闻媒体和公众在政务微博信息公开建设中的监督作用。

三、借力传播：充分发挥意见领袖作用

与民间意见领袖微博形成互动，让多元意见阶层发声，他们的意见事实上已成为微博舆论的中心节点。充分重视和发挥意见领袖的作用，可以提升公众对政府行为和政府决策的广泛认同。团结微博客上的意见领袖，加强与意见领袖的交流沟通和及时互动，可以定期邀请民间意见领袖参与政务微博互动话题讨论，将政府的行动和决策传达给他们，争取他们的支持和理解，在微博环境中引导舆论。

提倡政府领导者积极触网。领导者是政府的核心人物和形象领袖。他们的形象是政府形象的重要组成部分。政府领导者形象是公众对政府领导者的品德修养、能力、领导方式、业绩、性格特征、风度气质等因素的总体印象和评价。政府领导者既是整个政府的代表和政府形象的核心，也是社会公众和舆论始终关注的焦点，他们的形象是政府形象的重要组成部分①。数据显示，安徽开辟政务微博的公务人员中县处级以下级别居多。微时代提倡更高级别的政府领导人积极触网，促进官民沟通，有效营销政府形象，从而提升本区域的招商引资能力，促进区域经济对外交流。

四、互动传播：与公众建立政治协商对话制度

美国公共关系理论家格鲁尼格认为，双向对称模式是传播和交流模式最佳的

① 朱秀娟．论中国地方政府间横向合作关系［J］．中南财经政法大学研究生学报，2010（4）：27-31.

一种状态，“它不仅意味着政府向公众自上而下传播输出过程和公众向政府自下而上传播输入过程的统一，还意味着在政府与公众的传播冲突与整合的不断博弈过程中达到一种均衡的开放适应状态”①。社会政治协商对话制度是政府和公众达到均衡交流的双向对称传播模式，它是围绕公众关心的重大问题，由政府有关机构的负责人与有关的公众群体或团体进行平等的、直接的、公开的对话，面对面地听取公众的意见，回答公众的问题②。政府组织可以通过政务微博与公众建立协商和沟通的制度，有利于政府机构吸收和集中广大公众的智慧与力量，发挥他们参政议政作用，避免决策失误，提高行政管理效率。

一方面，政府部门要培养公民意识，培养人们对社会整体利益的认同，树立自由平等的观念，增强社会公德意识和公共精神，提高公民公共参与的自主性，推动人们在公共场域中积极参与公共事务；另一方面，政府机构可以通过政务微博搭建互动开放平台，扩展公众参与公共事务的渠道，如积极开辟“微访谈”“微调查”“政府在线”“微博听证”“建言献策”“意见征集”等多个政民互动的板块，认真办理和及时答复群众咨询、投诉、意见和建议，定期组织有关领导和相关部门负责人就社会热点问题在微博上与公众在线实时对话交流，及时回复和解决公众关心的问题。这样做不仅可以提升政府的亲民形象，形成庞大的粉丝数量，而且也有利于在政府与公众之间建立良性互动的关系，进而赢得公众信任，树立政府良好网络形象。

五、真实传播：公共事件中政务微博与公众坦诚沟通

诚信是政府进行公共关系的基本原则，良好政府形象的建立和维持必须以诚实守信为基础。在关涉本地区或本部门的公共事件发生时，政府部门可以通过政务微博第一时间发布信息，公布客观事实，和公众坦诚沟通，对受害公众进行情绪安抚，表明政府态度。在危机公关中，政府部门应坚持真实坦诚的沟通原则，对涉事官员不袒护，进行必要的行政问责，切忌遮遮掩掩，哗众取宠。所谓真实沟通，即原始信息真实可靠，实事求是地传播信息，这样做才有助于人们了解事情的真相。在公众对信息最为期盼的时期，政府部门给予权威真实的信息，可以防止谣言的滋生蔓延，避免因小道消息传播所引起的社会心理恐慌，甚至社会动荡。政府部门通过政务微博和公众坦诚沟通，能及时了解公众意见和需求，调整决策和行政行为，和公众建立起互动互信关系，达到认识上的共鸣、情感上的融洽和行动上的协调，从而化危为机，塑造亲民政府形象。

① 詹姆斯·格鲁尼格，郭惠民．公共关系是一种传播管理［J］　国际新闻界，1998（2）：70-74.

② 刘智勇，刘梦琴．形象视阈中的政府公共关系论纲［M］．成都：四川大学出版社，2011：258.

六、发展传播：加大经费投入，引进评估和绩效考核制度

经费和人才是制约安徽政务微博发展的瓶颈。解决这个问题首先要有关部门特别是主管领导重视政务微博在宣传中的重要意义。安徽多数政务微博维护和管理人员素质参差不齐，因此加大经费投入，提高人才待遇，优化用人环境，特别注重微博建设的专业人才的吸收和培养是安徽政务微博发展急需解决的问题。此外，安徽政务微博要引进建设评估和绩效考核制度，通过监督和制度的力量来促进安徽政务微博建设的可持续发展，使安徽省政务微博整体水平得到显著提高。安徽各地市政务微博只有充分认识到人才和经费对微博发展的重要性，才能最终促进各级政务微博的良性快速发展。

七、善用新媒体：提升党政干部的新媒体素养

三网融合的时代背景下，党政干部面临信息应用能力和新媒体舆情应对能力的考验。2012 年 5 月，《决策》杂志在山东、江苏、安徽、浙江等省市开展了“官员需要哪些‘微素养’”的问卷调查，当问及“官员应对微博的素养与能力是什么状况”时，没有一个被调查者选择“很好”，56.5% 的被调查者认为“一般”，43.5% 认为“较差”[①]。因此，安徽各级党政官员亟须学会“新媒体执政”，提升自身的新媒体素养，善用善管新媒体，及时与公众沟通，解决实际问题。各部门可着力培养党政干部的五大“新媒体素养”，即“利用、应用新媒体”的技术素养、“直面批评的包容心与纠错力”的领导素养、“平民化、人情化、网络化”的语言素养、“获取、分析、评估新媒体上各种信息”的信息素养、“应对新媒体舆情、化解危机”的媒介素养。

① 王运宝，徐浩程．官员“微素养”［J］．决策，2012（6）：18-19.

第五章　安徽政务微信建设问题研究

第一节　省内外研究现状述评及现实意义

一、关于政务微信研究

2012 年 8 月，政务微信作为一个新事物出现，引起了学界广泛关注和研究。政务微信是政府提供电子公共服务的新平台。与政务微博相比，它具有更强的服务性、信息发布的精准性、官民互动的私密性等优势。国内学者主要从用户主体、传播方式、传播内容、传播功能等方面进行探讨。总的来说，因为政务微信产生和发展的时间较短，国内学者的研究仍处于初级阶段，政务微信如何更好地提高政府的执政能力、还有待进一步研究和挖掘。

目前，针对安徽政务微信建设问题的研究为数不多。政务微信作为政务新媒体，已经成为政府为公众提供服务的重要手段。政务微信在促进政府信息公开、网络问政、官民互动沟通、提升政府形象、网络反腐等方面起到了重要的作用。对安徽政务微信建设问题进行研究，有利于完善民主监督制度，促进民主法治社会建设，构建民主服务型政府。

二、研究思路

近年来，微信迅速发展，“微政务”成为政治运作的一种新模式，也让社会各界重新审视政务新媒体的力量。“微政务”使得普通公民与政府直接对话成为可能，成为塑造政府形象的新阵地。本研究拟充分调查安徽政务微信的发展现状，结合政务新媒体自身所特有的传播规律，从“微政务”层面提出提升安徽政务新媒体传播效果的对策建议，为相关决策部门提供参考。

第二节　安徽政务微信发展现状

政务微信是政府利用微信平台，向公众提供信息公开、政务互动、实时管理和服务的一种电子政务手段，是目前微信公众号的一种特殊类型。政务微信“一对一”精准传播政务信息，让政民交流沟通在理论上实现了“零时差”和“无距离”，有利于提升政府传播的透明度，打造政府公信力，通过“指尖上的对话”增进政民互动和互信，降低社会转型期综合治理的风险和成本。政务微信打造的是政民“强关系”，让政府信息公开更加人性化和更具互动性。近年来，安徽多个城市和部门积极推进“互联网+政务”。在开设政务微博的基础上，政务微信陆续开通，在促进政务公开、服务人民、树立良好形象等方面发挥着不可替代的作用，成为联系人民群众的新的桥梁和纽带。

一、安徽政务微信起步晚，发展速度快

安徽省政务微信的发展总体水平较低且起步较晚，但是发展速度很快。2014年9月17日，由新安晚报、安徽网和安徽省食品药品监督管理局联合推出的“安徽食品药品监管”微信公众号正式上线。这也是安徽第一个省直机关政务微信。同年，安徽省公安厅交警总队微信公众平台订阅号“安徽公安交警在线”上线运行。我们关注安徽省已经开通的政务微信可以发现，执法部门的政务微信起步较早，且服务功能更加完备。这也是安徽省政务微信建设的一大特点。2014年12月4日上午，安徽省会合肥市经信委、科技局、卫生局、人社局、安监局5部门联合举行官方微信集中开通上线仪式，标志着5部门的政务信息由被动地向社会发布转变为主动提供信息服务。由此可见，“趁热打铁”式的密集上线是安徽省政务微信建设的又一大特点①。从数量上看，截至2015年11月30日，安徽县处级以上单位共开设认证微信账号850余个，在全国位居第一梯队；从形态上看，功能多样、形式丰富的社会化媒体已初具规模；从运营表现上看，优秀账号不断涌现，更加注重时效性、服务性、亲和力和互动性，树立了以民生为本的良好网络形象。

二、安徽政务微信实现规模化、集群化发展

规模化、集群化发展是政务微信发展的显著趋势。随着政务微信队伍的壮大，安徽政务微信集群化趋势愈发明显。“安徽发布”（安徽省政府新闻办公室、安徽省互联网信息办公室主办）融合了省、市、县（区）的三级政务微信集群，截至2017年8月3日，已集纳了88家政务微信，其中省直单位发布29个，地市发布15个，区县发布44个。“安徽省人民政府发布”（安徽省人民政府办公厅主办）集纳了全省189家政府微信，其中省直单位发布52个，地市发布18个，县

---

① 高杰，杨剑．安徽省政务微信建设的现状、问题与对策［J］．安徽行政学院学报，2015（6）：41-44.

区发布119个。政务微信的日常运营趋于标准化、制度化，从单纯追求粉丝数量和关注度，转向注重粉丝的质量和影响力。在部门分布上，共青团、司法、公安、旅游等系统在粉丝量、发布量、活跃度等方面处于领先地位。在市级单位中，“淮南发布”“美好滁州”“阜阳发布”“蚌埠发布”“马鞍山发布”排名前列。在县区排名上，“幸福肥东”“天长发布”“明光发布”“美好全椒”“巢湖发布”居于前列①。

三、菜单功能设置日趋完善，服务性、便利性增强

政务微信是电子政务的一部分，利用政务微信发布政务信息，实行微信问政，提供便民服务，可以传播政府声音，创新社会管理，提升政府的执政效率。课题组对省直29家政务微信进行统计，26家设置了一级和二级菜单，仅3家未设置菜单。菜单功能日趋完善，基本分为资讯类、服务类、互动性专栏。如“安徽发布”设置了今日安徽、服务大厅等栏目，在互动性栏目方面设置了网上办事、百事通栏目，发挥了电子政务的功能。再如“安徽国税”设置了纳税服务、税务查询、公众参与等服务性栏目，为公众查询税务提供了便利。有些政务微信和政府网融合，打通信息通道，互联互通，降低运营成本，如“安徽国土资源”的通知公告、政策法规、规划计划、招标采购、人事信息等栏目与政府网相链接。

四、根据网民所需精心编发，传播力强

政务微信编辑排版符合手机用户阅读习惯。微信平台按照手机传播规律精心排版页面，大量运用图示、图解、漫画、动图、视频等形式，传播手段丰富。如“安徽旅游”网页面编排精美，图片富有艺术气息，给人赏心悦目的感觉，单篇阅读量达到6000次。编辑政务信息，跳出官方微信“官腔官调”的习惯性思维。政务微信传播不同于政府网站，它具有私密性和个性化特点，在传播方式上宜采取贴近群众的姿态来，传递正能量。如“阜阳发布”坚持不发官话套话，多从用户角度来确定选题，使内容“亲切一点，再亲切一点”；在标题、内容布局上尽量吸引公众；以有趣的方式与用户互动，用“阜小布”作为昵称，在政务新媒体领域打造全新形象；用通俗易懂的网络语言传达政务信息，以幽默诙谐的风格主动与网民互动。根据网民关切，精心选材。再如“美好含山”自运营以来，就根据网民的喜好，将发布的内容确定为以民生资讯、生活服务类信息为主。其开设了“含山全攻略”“旅游含山”“生活含山”“文明含山”等栏目，内容涉

① “安徽发布”政务微信：安徽微信影响力排行榜周榜（2017年7月17日–7月23日）。

及含山名人、含山旅游、含山风俗、含山美食等。又如“中国凤阳”根据网民所需，精心编排版面：一是发布内容以凤阳本地政治、经济、文化、民生等热点信息为主；二是注重发布凤阳历史文化特色信息，提高地域文化认同度，增加关注度，增强影响力；三是发布与人们切身利益密切相关的中央、省、市重大决策部署；四是推荐有一定阅读价值的关于文化旅游、文史知识、励志文章、人生感悟以及写凤阳人、凤阳人写的随笔游记等内容健康向上、传递正能量的优秀文学作品。在选取素材过程中，均采用图片、文字、视频结合，全媒体呈现，使内容更加鲜活，可读、可看、可视①。

五、突发事件及时回应网民关切，抢占舆论阵地

在重大突发事件中，公开透明及时向公众发布信息，不仅可以遏制谣言的传播，回应网民关切，还为政府树立了良好形象，进而提升了政务新媒体的关注度。例如，2015 年 3 月在阜阳地震信息发布中，“阜阳发布”每天持续跟进灾情报道、公开救灾部署、辟谣不实信息、科普防震知识，获得了广泛关注，增加了 2000 多粉丝。微信传播具有高到达率和高关注度，利用政务微信抢占舆论阵地，可以迅速澄清谣言。2015 年 6 月 16 日，“中国凤阳”以图文形式回应了一起中考师生大客车翻车的交通事故。该起交通事故发生后，“中国凤阳”通过舆情监测发现，新浪微博、腾讯微博有网民发出多张现场图和抢救照片。网民大多在讨论、猜测事件的伤亡情况，其中夹杂着一些不实信息。“中国凤阳”舆情工作小组本着公开、透明、客观的原则开展调查并撰写事件通稿，最大程度将当时情况包括伤亡情况公开，约 17 点 30 分在“中国凤阳”上发布，及时“粉碎”谣言②。

第三节　当前安徽政务微信发展存在的问题

一、消息推送数量与频次：部分微信号为僵尸微信

消息推送数量与频次能直接反映出微信公众号日常运营的组织性与有序性。目前来看，安徽省政务微信账号的整体运营发展不平衡，大部分能做到每日更新，但少部分政务微信账号运营欠佳。传播效果差异较大，优秀政务微信单篇阅读量可达两三万次，而运营欠佳的微信单篇阅读量只有几十次。

---

① 资料来源：安徽省互联网信息办公室。

② 资料来源：安徽省互联网信息办公室。

课题组对“安徽发布”进行统计（统计时间为2017年8月7日—14日），全省省直微信29家，日更新1至7条，仍有部分僵尸微信，有的二维码已过期，有的多个栏目点不进去。地市级微信15家，日更新3至8条；县区发布44家，日更新2至11条。有的菜单功能设置过于简单，没有微政务、微服务、微互动等基本功能。

二、消息原创性：地市发布和区县发布原创性不足

根据课题组的统计，省直微信上的消息来源主要有三个，即原创、综合网文二次编辑、转发系统内信息，达到100%原创的有13家。地市发布和区县发布的消息原创性明显不足，在地市发布中，消息来源主要是原创、转发媒体信息、转发网文。在44家区县发布中，100%发布原创信息的只有5家。大部分微信信息是原创信息和转载信息相结合，有少部分政务微信完全转载新闻媒体信息，没有原创政务信息。如果政务微信长期转发媒体信息，没有自己的原创信息，就会与新闻媒体同质化，失去了政务微信的功能和应有特色。

三、消息内容分布：职能定位模糊，政务信息占比小

部分政务微信政务职能定位模糊，日常发布内容中政务信息占比小，热衷于发布健康养生类或转载自新闻媒体的生活信息。如“安庆之声”在2017年8月7日的更新中，安庆信息1条，生活信息4条；“亳州发布”在当日的更新中，亳州信息1条，生活信息4条；“三色定远”在当日的更新中，定远信息1条，生活信息5条。

政务微信以转发新闻媒体信息为主，缺乏原创政务信息，究其原因：一是政务微信职能定位模糊，成为当地新闻媒体的翻版；二是缺乏信息源；相关职能部门互相隔离，信息不能共享；三是政务微信运营人员缺乏。

四、菜单功能设定：服务功能板块开发不足

政务微信设置微政务、微服务、微互动等基本功能，可以提高政府执政效率，有利于法治政府、服务型政府的构建。因此，政务微信应当与政府工作、公共服务结合起来，提升政务新媒体的服务力。但很大一部分政府机构仅仅把政务微信当作了信息发布的平台，而不是向公众提供公共服务的平台。如“芜湖发布”“桐城新闻”“巢湖发布”等政务微信中菜单功能设置缺乏服务板块。政务微信公众号平台搭建不完善，尤其是服务功能板块开发不足，不利于吸引目标受众、带动精准传播。政务微信通过加强政务服务，可以增强政务新媒体的用户黏性，提升政务新媒体的传播力，带动精准传播。

五、消息排版：部分微信阅读体验差

政务微信用户基本以手机为终端。如果把网页信息直接复制到小屏幕上，会造成严重的阅读障碍。因此，对手机屏幕上的文本按手机阅读模式进行图文编辑优化是非常必要的。据统计，安徽政府部门推送的微信订阅账号基本上会进行编辑和优化，但也有部分账号存在推送“马虎”的问题，字体和图表的阅读体验较差。如部分政务微信把政府网的内容直接搬上微信，不符合手机传播的特点，不适宜掌上阅读，发布的文章未按手机版面排版，字体过密过小导致受众难以阅读。还有些政务微信所发信息多为生硬的会议新闻，没有按网民需求编排版面，严肃有余，活泼不足，阅读体验感差。此外，还有部分政府微信信息发布形式过于单一，仅有文字信息，没有运用图示、图解、漫画、动图、视频等传播手段，对受众缺乏吸引力，信息阅读量较低。

六、账号互动：互动开发有限，微信问政比例偏低

与纸质、PC 时代不同，移动传播时代的网民更活跃积极，更迫切地想找到一种快捷的方式与政府互动。政务微信只有顺应移动传播趋势，契合网民所需，与网民积极对话，直面民意，才能真正发挥政务新媒体的作用，增强传播力和影响力。

但从现实情况来看，安徽省的政务微信主要还是发布单向的信息较多，而互动交流较少。其发布的内容多为政策解读、通知告示或生活提示等信息，多表现为政府对公众的单向信息流通。统计发现，省直单位发布有 29 家，设置互动板块的有 19 家；地市发布有 15 家，设置互动板块的有 9 家；区县发布有 44 家，设置互动板块的有 18 家。互动板块内容可分为服务类、活动类和问政类。安徽政务微信在互动板块中开设微信问政，回复网民资讯投诉的比例偏低。省直微信中仅有 3 家，地市发布中仅有 2 家，区县发布中仅有 10 家。

畅通官民沟通渠道，解决网民实际诉求，提高政府行政效率，微信问政相较于微博问政更便捷，精准度更高，私密性更强。安徽政务微信在发展中的问政功能亟待增强。

第四节　提升安徽政务微信传播力的对策建议

一、目标化——准确定位政务微信的功能

政务微信与政务微博相比，在信息传播的时效性、频率、覆盖率等方面都存在着天然局限。微信平台互动具有封闭、强社会关系的特点，这使得微信能够在

精准的政务服务方面有所作为。考察全省多家政务微信，课题组归纳出目前政务微信具有五大基本功能：传递政务信息，推进政务公开；落实政务办理，提供精准服务；问政于民，强化社会监督；引导社会热点，抢占舆论阵地；文化营销，传播区域形象。

同时，政务微信定位根据部门角色定位有着不同的侧重点：食品药品监管政务微信应加大投诉建议功能的设置，强化社会监管职能；社会保障部门的政务微信就要以“落实政务办理，提供精准服务”为主要职能。旅游部门的政务微信以旅游文化营销为主，传播区域旅游形象。地市发布和区县发布政务微信要综合以上五大功能定位，结合地方特色，注重服务性，突出政务性，实现政务微信的蓬勃发展。

二、整合化——互融互通打造“大政务微信平台”

打通信息通道，整合多种政务平台，互联互通，融合发展，可以降低运营成本，有效提升政务新媒体的传播力和影响力。

一是同一层级同一部门政务媒体的自我整合。政府部门打造“大政务微信平台”，可以学习“阜阳发布”政务微信的模式。“阜阳发布”融合了政务微信、政务微博、政府网站等传播媒介，在内容上除了及时传播政务信息，还提供了天气、公交、火车等便民查询服务。

二是同一层级不同部门政务微信的横向整合。政府服务大厅实现了服务的集成和多样化，用户可以通过一个页面解决各种问题。如“安徽发布”中的“微信发布厅”汇聚了全省多家政务微信，打造为一站式微信办事和查询平台。

三是不同层级同一系统政务微信的纵向整合，如公安系统内部微信运营的整合。政府有关部门要发挥微信公众号的最大作用，必须内外协调联动，将这些部门统筹起来，动员它们共同发力，为微信公众号提供实用、有效的信息。

随着网络技术的更新发展，政务机构要学会融合网络新技术，打破信息孤岛，将长期“条块分割，各自为战”、分散在各个部门的海量数据有效整合，实现数据协同共享和规模效应。

三、法制化——完善政务微信管理法律法规

政务新媒体要保持发展的活力和生机，就必须“建章立制”，要有明确的规章制度为其规范化发展提供保障。我国政府有关部门可以借鉴英美等发达国家电子政务建设的成功经验，就政务微信的运营管理出台相应的规范，并制定出详细的使用指南，指导公务员如何正确使用政务微信。安徽省、市（县）两级政府及其部门也应当及早参考政务微博的发展模式，拟定针对政务微信的运行管理和

考核办法，规范政府机关微信的信息发布程序、公众问题处理答复程序、业务处理程序，确保其安全可靠①。

四、专门化——加强政务微信专业化队伍建设

重构政务微信的队伍建制。目前政务微信主要由其他岗位的兼职人员运营，运营资金更是缺乏，难以开展专业化的运营，逐步改善这一状况是推动政务微信进入快车道的必要条件。

第一，组建政务微信平台专项运营管理团队，逐步建立政府微信平台运营状况及其管理人员的考核机制。安徽省地方政府部门可以在新闻发言人及其团队的基础上组建政务微信专项管理团队，负责政府微信的发布和日常运行管理。同时，根据解决实际问题的数量和质量、政府与公众的互动程度等方面，逐步建立对政府的微信考核机制②。

第二，应当建立政务微信平台管理员在线值班制度，满足公众政务服务需求。节假日和下班时间常常是公众需要政府服务的高峰期，如办理审批手续、便民服务信息等。为了提高政务微信平台的运营管理质量，有必要建立合理的轮流值班制度。根据实际情况合理安排工作时间，对需要人工回答的问题做出快速准确的回答③。

五、亲民化——强化政务微信精准服务功能

政务微信不仅是信息发布、舆论沟通的平台，更应成为民生服务平台，是电子政务在社交媒体上的自然延伸。要做到这一点，需要政府部门与微信平台的深度合作，这不仅涉及接口开发等技术问题，还涉及政府部门权限开放等深层次问题。实现这样的对接是未来政务微信的核心竞争优势所在。

政府有关部门可运用大数据技术，提供精准服务，创新社会管理；高度重视“用户”，了解用户在使用政务微信时的真实需求和行为偏好，不断优化内容、功能和用户体验，真正用“互联网思维”运营政务微信；注重大数据分析，提高信息传播效率；加强公共服务数据库建设，收集整理气象、医疗、教育、交通、社会保障等公共信息资源和投资、生产、消费等经济领域数据，便于公众

① 高杰，杨剑．安徽省政务微信建设的现状、问题与对策［J］．安徽行政学院学报，2015（6）：41-44.

② 高杰，杨剑．安徽省政务微信建设的现状、问题与对策［J］．安徽行政学院学报，2015（6）：41-44.

③ 高杰，杨剑．安徽省政务微信建设的现状、问题与对策［J］．安徽行政学院学报，2015（6）：41-44.

查询。

同时，政府有关部门还可综合运用多种传播手段，提高传播力，增强服务能力；深度融合互联网新技术，利用图文、音视频、H5、动画、漫画、MV、VR、网络直播等形式多样、风格活泼的多媒体传播方式，推进政务公开，塑造政府形象，增强对受众的吸引力，提升自身的影响力。

六、互动化——突出政务微信问政功能

提高政务类微信的互动水平。微信交流具有一对一的私密性、对话性、即时性，具有拉近双方关系的优势。政务微信应坚持以公众为中心的服务理念，注重与民互动，加强与公众的沟通交流，倾听群众意见，及时回应公众的疑问，拉近政民间的距离，提高政府的网络执政能力。政府有关部门要面向公众开放微信留言功能，受理咨询诉求、意见建议等；属于本地区本部门职责范围内的问题，按程序转办答复；不属于职责范围内的，说明情况，指明解决途径；办理回复要依法依规、实事求是、直接具体、通俗易懂。

同时，政府有关部门还要积极开展在线交流，在重大政策出台之前和执行过程中了解公众需求，倾听意见建议；畅通“一把手”问政渠道，利用政务微信服务大厅，开展“民生服务日”“微访谈”等活动；负责人在线受理网民投诉，实时解读民生政策，主动回应民生热点，并对网民诉求派发督办等工作进行网络直播，提升网络问政效果。

可见，政务微信必须贴近群众，遵循网络传播规律，坚持“为民服务”的理念，只有这样，才能真正发挥其推进政府信息公开、提升社会管理水平的作用。安徽政务微信平台在塑造地方政府形象、畅通政民沟通渠道、提高公众服务满意度等方面发挥了积极作用，但同时也存在着功能定位模糊、互动开发有限、服务功能不到位等问题，阻碍了安徽政务微信的健康发展。因此，目标化、整合化、法制化、专业化、亲民化、互动化将成为推进安徽政务微信建设的必由之路。

第六章　乡村治理视域下安徽“微政务”传播研究

第一节　国内外研究现状及研究价值

党的十九大报告提出“实施乡村振兴战略”，并把这个战略写入党章，解决好“三农问题”已经成为全党工作的重中之重。实现乡村有效治理是乡村振兴的重要内容。加强并完善中国乡村社会治理体系，引导农民价值观念，发展乡村经济，重塑乡村文化，促进乡村改革发展，是当前亟须解决的重大而又现实的问题。乡村振兴，治理有效是关键。税费改革以来，国家乡村治理方式从单一行政治理向多元传播治理方向转型，传播正成为乡村治理新体系中的一种重要资源和策略。政府传播既是一种传播行为，也是一种社会治理行为。作为政府在网络空间的代表，“政务微博、政务微信”等政府新媒体在社会治理中发挥着关键作用。以“微政务”传播为代表的线上政府兼具政府主体和新媒体之传播媒介的特征，在推动政府开放、提升政府回应性和引导网民有序参政议政中发挥着积极作用。本研究对安徽县级“微政务”传播机制进行系统研究，从乡村治理视角考察安徽县级“微政务”传播环境，案例解析与问卷调查相结合分析安徽乡村治理中的“微政务”传播现状，探讨乡村治理过程中的“微政务”传播模式，并提出一个乡村治理的传播学视角的解决方案，以期为推进政府治理现代化、构建乡村治理新体系提供决策参考。

一、学术史梳理及研究动态

（一）国外乡村传播研究现状

乡村传播是指对发生在乡村社会内部、乡村社会与外部社会之间传播现象的总称。国外乡村传播研究主要集中于以下几个层面：第一，乡村经济发展传播研究。美国农业社会学家瑞安和格罗斯 1941—1942 年间在对杂交玉米技术的传播进行调查发现，接受该技术的人数与时间分布呈 S 曲线的趋势发展。罗杰斯 1962

年出版的《创新的扩散》是对拉美乡村经济发展的研究成果，他在进一步研究S曲线的同时，提出和完善了创新扩散理论。第二，乡村社会发展传播研究。20世纪50年代至70年代，伴随着工业化的长足进步，通过什么样的手段促进乡村社会的发展，乃至于国家的发展成为社会各界关注的焦点，出现了一批聚焦“公众传播与乡村社会发展”的研究成果。代表人物有美国学者勒纳、罗杰斯、施拉姆等。学者们希望借助公众媒介这一信息传播机制来推动以乡村为代表的传统社会向以城市为代表的现代社会转变。第三，关注乡村传播中的互动研究。20世纪70年代以来，乡村传播学的发展进入了成熟期。主要的转变体现在：依然关注乡村社会的发展，但摒弃了自上而下的传播理念；以理解和学习的视角，进入乡村社会以及与外界的相关互动过程中；注重传受双方的平等角色和地位，力图在双方互动的前提下实现共同发展；研究路径选择参与式和行动式研究方式，以期获得更为丰富的乡村社会的信息传播资料。

整体而言，国外乡村传播学研究主要集中在发展传播学领域，始终关注乡村社会的发展，具体包括关于乡村经济发展和乡村社会发展的传播。研究有两个趋向：从单向线性的传播模式到互动传播模式的转型研究，从以媒体为研究中心到以关注传播过程中的互动关系转移研究，这也为本课题研究带来了有益的启示。

（二）国内乡村传播研究现状

国内乡村传播学研究主要集中在以下几个层面：第一，公众传播与乡村社会发展研究。这包括：公众媒介受众调查（杨云胜、程世寿，1982）；公众媒介对农村关系网络、文化心理、社会结构的冲击与建构（郭建斌，2003）；“媒介化社会”中的传播与乡村社会变迁（孙信茹、杨星星，2013）；等等。其中，李红艳在《乡村传播学》（2010）一书中首次建构了中国乡村传播研究体系。第二，城乡互动中的农民工与传媒。随着农民流动进入城市务工，乡村不再是一个封闭的空间，研究乡村传播必须应对城乡关系、现代化转型以及农民工身份认同、社群心理等各种情况（卜卫，2015）。第三，新媒体与乡村政治传播研究。在新的媒介环境下，乡村的主体性呈现越发依赖于村民的发声和自我言说（李刚存，2017）。手机媒体使乡村的政治面貌得以改变，村民的民主政治意识有所提高，手机成为政务信息的发布者（刘新利、梁亚鹏，2017）。基于社交媒体的微信群成为新型村落公共空间，村民借助微信群实现了集体虚拟在场，使得村民从“私领域”走向“公领域”（牛耀红，2018）。第四，乡村传播与社会治理研究。传媒具有包括议程设置、舆论监督、政治沟通、政治参与、社会动员和社会整合等治理功能（杨震林，2007）。乡村治理中的传播研究有：乡村治理中的传播模式（蒋旭峰，2011）、乡村治理中的人际传播（费爱华，2013）、乡村治理中的政治传播（张毓辉，2016）等。

从整体上看，目前传播学界对“三农”的研究成果议题多元，在研究方法层面借用了人类学、社会学、政治学、经济学等跨学科的研究方法，这些都为本研究提供了有益的启示，但尚有拓展与改善的空间：第一，研究内容有待深化，成果数量不足。传播在乡村社会发展与变革中一直扮演着重要角色，农村税费改革后，传播型治理正成为国家介入乡村社会的主要策略。而现有研究主要讨论公众媒介与乡村发展、城乡互动中的农民工与传媒、乡村传播系统建构等议题，关于乡村传播与社会治理的研究成果数量明显不足，内容有待深化。第二，研究视角有待拓展，互动性研究不足。当前，互联网重构传播生态，手机等移动媒体被乡村农民广泛使用，为消弭城乡信息鸿沟带来重大机遇。但目前学界研究滞后于现实发展，在乡村传播领域关于移动政务新媒体“微政务”传播研究鲜有涉及。当前透过传播视角对乡村治理的相关研究，对“国家”与“社会”自上而下的控制性传播研究较多，而对“国家”与“农民”之间的互动传播研究较少。治理意味着社会自主管理，国家与社会博弈的过程中既有国家对社会的传播，也有社会对国家的传播，与治理双向互动性一致，传播是一个双向的过程，双方的传播更多是“对话”，而不是“独白”，乡村治理的思维应当经历“传者本位”向“受者本位”的转移。

二、学术价值和应用价值

（一）学术价值

在安徽城镇化进程中，部分乡村治理面临困境：村庄流动性增强，空心化严重，村民的公共精神缺失，如何整合乡村社区是非常棘手的问题，移动互联网为乡村公众的公共参与治理提供了平台。本研究从“微政务”互动传播层面探讨乡村治理问题，弥补以前研究的不足，有助于深化传播学在农村领域的研究。

（二）应用价值

为解决当前“三农”问题提供决策参考。乡村治理是一个重大而紧迫的现实问题，关系到农民的生活和命运，决定着乡村公共事务的组织和管理、社区公共资源的动员和调控，也与国家的稳定紧密相连。本研究探讨安徽乡村治理过程中的“微政务”传播模式，并从政府与农民社会的互动层面提出一个实现乡村有效治理的传播学视角的解决方案，以期为推进政府治理现代化、促进乡村振兴提供决策参考。

三、研究背景及研究思路

本研究基于两个现实背景：一是国家乡村治理方式从单一行政统治向多元传播治理方向转型。二是互联网重塑传播格局，受众向移动传播场域转移，“微政务”传播在国家治理中日益发挥重要作用。传统的乡村治理必须引入互联网思维、对接“互联网+”（社会）治理模式，这是网络时代社会管理势之所趋。本研究以安徽县级政务新媒体“政务微信、政务微博”为研究对象（这一层级的“微政务”传播受众主要是乡村农民），对乡村治理视域下的安徽县级“微政务”传播机制进行考察，论证乡村治理中的“微政务”传播功能，梳理安徽乡村治理中的“微政务”传播环境，以政务新媒体“界首发布”和“霍山县人民政府”为典型个案，解析安徽县级“微政务”在乡村治理中的发展优势，采用内容分析与问卷调查研究方法相结合分析安徽县级“微政务”融入基层治理的现实障碍，揭示制约安徽县级“微政务”发展的关键因素，最后从“微政务”互动传播层面，提出建构多元参与的“微政务”互动治理模式，推动乡村社会形成善治，进而促进乡村振兴。

第二节　乡村治理中的“微政务”传播功能

一、传播与治理

“治理”一词起源于古希腊语和拉丁文，原意是控制和引导。治理是公共管理组织为了满足公众的需要而在一个既定的范围内运用公共权威维持公共秩序的活动。治理的目的是通过调整公民的活动，来实现公共利益的最大化①。可见，治理是一种调整公共关系的过程，具有社会控制功能。

传播与治理息息相关。传播是社会治理的基础，社会治理的实现有赖于“传播”这个工具和手段。关于“传播”的含义，传播学家施拉姆认为，“传播是工具，社会之所以成其为社会全赖传播这一工具。传播（communication）和社区（community）的词根相同并非偶然现象。没有传播，就不会有社区；没有社区，也不会有传播”。社会学家查尔斯·库利认为，“传播是人类关系赖以存在和发展的机制，是一切心灵符号及其在空间上传递、在时间上保存的手段”②。

传播的过程就是治理的本质。社会学家梅尔文·德弗勒认为，传播行为是一个表达团体规范的手段，通过这个手段行使社会控制、分配各种角色、实现对各种努力的协调，表明对未来的期望使整个社会进程持续下去……要是没有

① 胡祥．近年来治理理论研究综述［J］．毛泽东邓小平理论研究，2005（3）：25-30.

② 威尔伯·施拉姆，威廉·波特．传播学概论［M］．何道宽，译．北京：中国人民大学出版社，2010：123.

产生这种影响的交流，人类社会就会崩溃”。从中国新闻传播史上看，从宋代开始就有了官方的正式信息传播活动，传播朝廷的政事信息，其主要目的就是加强对地方的社会控制与管理，实现社会治理功能。宋代出现了在政府中枢部门统一管理下统一发布的正式官报——邸报。它是当时社会上传播朝廷政事信息的重要载体。“这种官报从它问世的第一天起，就是在为封建官僚内部传播经主管部门核定允许传播的信息、巩固封建统治秩序，维护封建统治阶级的利益服务的。”①

在乡村治理中，传播绝非一个无足轻重的变量，传播是乡村干群关系与社会关系形成的重要基础。美国传播学者詹姆斯·凯瑞提出对于理解传播观念的重要区分，即传播的“传递观”和传播的“仪式观”②。所谓传播的“传递观”，即传播是一个信息得以在空间传递和发布的过程，以达到对距离和人的控制。而传播的“仪式观”，则并非指信息在空间的扩散，而是指在时间上对一个社会的维系；不是指分享信息的行为，而是共享信息的表征。传播的“仪式观”有助于我们看到，作为乡村治理的传播不仅是工具性的公众媒体的使用与满足，更是农民对话交谈、意识累积、社群认同形塑的总体过程。从传播学视角看乡村治理，其学术和社会关怀的重心在于传播与乡村的共同体关系，不仅涉及农民的地域认同、文化认同，也要构建农民的政治认同③。

农村税费改革以来，我国对乡村治理的方式正由行政型迈向传播型，传播型治理具有治理主体多元、国家与社会双向互动及信息担负治理媒介等特征。

二、“微政务”的传播功能

“微政务”主要包括政务微信和政务微博。随着智能移动端的高速发展，“微政务”对政府服务公众具有重要影响。县级“微政务”传播的受众主要是乡村农民，在乡村治理体系中具有独特的社会功能：传播涉农公共政策，发挥政治认同功能；拓宽参政渠道，为农民提供公共意见平台，具有社区整合功能；推进村务公开，深化农民自治实践，强化群众监督功能。传播是一种由信息所承载的文化力，在乡村治理中基层政府应善于运用“微政务”这种新型媒介，能有效促进政治沟通，促进乡村经济发展、个人的发展和乡村社会的发展。

---

① 方汉奇．中国新闻传播史［M］．北京：中国人民大学出版社，2002：11.

② ［美］詹姆斯·凯瑞．作为文化的传播：“媒介与社会”论文集［M］．丁未，译．北京：华夏出版社，2005：7.

③ 将旭峰．抗争与合作：乡村治理中的传播模式［M］．杭州：浙江大学出版社，2011：16.

（一）传播政务信息，发挥政治认同功能

当前，互联网重塑传播格局，受众向移动传播场域转移，作为以“政务微博+政务微信”为主要平台的公共管理方式，“微政务”传播在国家治理中日益发挥重要作用，已成为党的执政资源之一。“微政务”的传播主体是政府组织，传播国家意志，具有政治性、媒体性等传播特征。“微政务”传播是政府机构实施电子政务的一部分，利用“互联网+政务”模式，创新社会治理方式，提升政府执政效率。CNNIC 第 44 次调查报告显示，截至 2019 年 6 月，我国在线政务服务用户规模达 5.09 亿，占网民整体的 59.6%；我国已有 297 个地级行政区政府开通了“微政务”新媒体传播渠道，覆盖率达 88.9%。

随着移动互联网的快速发展，传统的社会治理理念已难以适应农村基层治理现代化要求。2019 年 5 月，中共中央办公厅、国务院办公厅印发《数字乡村发展战略纲要》，提出要着力发挥信息化在推进乡村治理体系和治理能力现代化中的基础支撑作用，同时提出要加快“互联网+政务服务”向乡村延伸。“微政务”传播在乡村基层治理过程中，既是不可或缺的重要工具，也是社会治理创新实践中重要的推动因素。这标志着基层组织主动寻求乡村治理模式的新突破，以应对信息化社会的到来。

乡村治理是国家治理体系中的重要组成部分。乡村治理的根本目标，对治理主体的国家来说，就是其意志在乡村社会得以顺利贯彻，或者说作为治理客体的乡村社会对国家形成政治认同①。“微政务”作为政府组织的传播平台，不可避免地会打上政治烙印，其传播内容必须反映政府意志。“发布政务信息，强化政策解读”是“微政务”传播的重要功能之一。县级“微政务”一方面及时传播政务信息，包括传播中央政府的涉农公共政策和本地区的政务信息。就本地区而言，主动、及时、全面、准确发布基层政府信息，特别是政府重要会议、重要活动、重要决策部署，经济运行和社会发展重要动态，以增进公众对基层政府工作的了解和理解。另一方面，县级“微政务”强化政策解读。在新政策发布后，平台及时传播权威解读，使乡村公众领会政策的核心精神，促进政策的推广。有关部门注重创新政策解读形式，对涉及面广、社会关注度高、实施难度大、专业性强的政策法规，邀请政府机构官员、专家学者等通过在线访谈等方式，进行深入浅出的解读；注重运用微视频、微图表等易读易懂、乡村公众喜闻乐见的形式，增强政策解读的亲和力、影响力。

“微政务”传播兼具媒体属性，在涉及本地区的突发公共事件发生后，基层政府可以通过有效设置议程引导舆论。应对重大舆情，县级“微政务”加强信

① 费爱华. 乡村传播的社会治理功能探析［J］. 学海，2011（5）：97-102.

息公开，可以将政府部门处置舆情事件的工作流程置于乡村公众的监督之下，及时、持续、全面地发布信息，让权威、主流的声音占据舆论场。在妥善处理事件之下，事件脉络逐渐清晰、公众情绪得以安抚，舆情也逐渐平息。在社会治理重心下移的趋势下，县级“微政务”面对重大舆情及时应对，政府信息公开透明，更能赢得民心民意，会增进公众对政府工作的理解和认知，提升政府的美誉度和公信力。

（二）拓宽参政渠道，具有社区整合功能

传播权决定治理权。传播是治理的基础，传播是治理有效的保障。治理主体之所以拥有治理的权力，就是因为他们控制了信息的生产、存储与传播，信息要发挥影响作用就必须通过传播。治理权力能够产生就依赖于治理主客体相互之间的传播互动、协商和妥协①。

“微政务”传播增强农民的治理权。传统媒介时代，国家传播、精英传播具有强势地位，农民的传播权较弱。同时，国家政治传播具有局限性，政府组织是传播政治信息的主体，进行自上而下的单向灌输式传播，公众只能被动地获取信息，难以通过媒介发出自己的声音。而引入“微政务”传播模式，能有效弥补传统公众媒介条件下政治沟通的缺陷，增强农民的传播权。互联网平台创造了一种任何人在任何地方、任何时间与其他任何人进行信息交流的形式。移动传播场域下“微政务”传播提供了传统公众媒介无法提供的“一对一”和“一对多”的直接互动形式，政府组织和公众之间的意见能以更直接的方式让对方悉知。“微政务”传播在政治传播的时效度上优于传统公众媒介。在政策信息的传播过程中，无论是政务微博还是政务微信，乡村公众均可以跟帖发表评论意见，政府组织可以广泛收集民意，增强政府决策的科学性和民主性。

“微政务”传播重塑乡村社区。在安徽城镇化进程中，部分乡村治理面临困境：村庄流动性增强，空心化严重，人际关系松弛，村民的公共精神缺失，村庄的凝聚力和向心力弱化，如何整合乡村社区是非常棘手的问题。“微政务”传播扩大了农民传播权，成为乡村农民与基层政府互动的桥梁，有利于乡村社会关联的增进。“微政务”传播为农民提供话语平台和政治参与渠道，增强农民传媒接近权，提升农民传播主体地位。对村级事务，普通农民、乡村精英、乡村干部，抑或是乡村流动人群，只要手中有一部手机，无论何时何地均可通过“微问政”互动社区发表意见建议。传播学学者乔·霍利与加里·赫尔曼认为，“或许在所有传播权中最基本的权利是能被他人听到的权利，它意味着决策时的参与权。信息传播技术能放大我们的声音，比以往更容易让人听见”。

① 费爱华．乡村传播的社会治理功能探析［J］．学海，2011（5）：97-102.

“微政务”传播在虚拟空间中重塑乡村社区，提升了农民治理主体地位，促进了乡村民主进程。

治理的最佳状态称为“善治”，就是使公共利益最大化的社会管理过程，其本质就是政府与公民对公共生活的合作管理。随着安徽县级融媒体中心的建设，政务新媒体的触角已经延伸到乡村，“微政务”传播为政府组织和乡村公众提供对话平台，充分尊重和保障了乡村公民的知情权、表达权、监督权和政治参与权。“微政务”传播平台可以建构政府组织、乡村农民互动的“微政务”传播模式，提高乡村治理能力，促进乡村社会形成善治，进而构建自治、法治、德治相结合的现代化乡村治理体系。

（三）推进村务公开，强化群众监督功能

在乡村治理上，2018 年中央农村工作会议提出，要“加强农村基层基础工作，加强农村基层党组织建设，深化农民自治实践”。基层善治必将是在政府外力与村民自主性力量的共同推动下达成。对“微政务”的合理运用，将在很大程度上促进乡镇行政管理与村民自治的良性互动，推动新型乡村管理服务体制的建立。“微政务”的信息来源于政府组织，在公众心目中天然具有权威性，与一般媒体相比具有无可比拟的公信力。县级“微政务”不仅传播县乡级政务信息，有关部门还可以将其打造成为一个实施村务公开制度的有效平台，将涉及村民利益的事务积极公开，进一步健全基层监督机制，确保村民有效实现自我管理、自我教育及自我服务的目的。

村务公开是指在该村民委员会的管辖区域之内，主动地将涉及村民自身利益和本村集体利益的各项公共事务，通过一定的形式和程序在固定时间内告知全体村民，同时有村民广泛地参与和监督的一种民主行为①。1982 年，《中华人民共和国宪法》确立了农村实现村民自治制度，促进了村务公开的萌生与发展。1987 年，《中华人民共和国村民委员会组织法（试行）》首次将村务公开作为一项法律制度固定下来。关于村务公开的具体内容，按照 2016 年《国务院办公厅印发〈关于全面推进政务公开工作的意见〉实施细则》的要求，重点围绕“基层土地利用总体规划、税费收缴、征地补偿、拆迁安置、环境治理等群众关切信息，以及劳动就业、社会保险、社会救助、社会福利、户籍管理、宅基地审批、涉农补贴、医疗卫生”等方面的政务服务事项，探索适应基层特点的公开方式。

长期以来，乡村村务公开采取公告栏、政府文件、简报、广播等单一输出形

① 项继权．“后税改时代”的村务公开与民主管理———对湖北及若干省市的调查与分析［J］．中国农村观察，2006（2）：49-56，63.

式，在整个公开过程中，村民处于被动接收信息的状态，缺乏应有的反馈机制。随着互联网技术的发展，有关部门可以利用“微政务”传播平台为村务公开提供有效载体，将涉及农民群众利益的村务信息通过“微政务”平台告知村民，村民可以参与互动、发表评论、实施监督，从而实现基层政府、村与村民的双向互动。

第三节　乡村治理中的“微政务”传播环境

一、政治传播环境

所谓“乡村治理”就是指性质不同的各种组织，通过一定的制度机制，共同把乡级以下的公共事务管理好①。乡村社会的治理变迁反映了乡村社会的政治传播环境。

（一）安徽乡村治理的变迁：从权力高度集中到实行群众自治

乡村社会从来都是国家治理的难点。1949 年新中国成立以后，国家通过行政体系将国家意志传递到乡村，从而第一次将分散的乡村社会整合到国家体系中。1958 年人民公社成立，以“政社合一”为主要特征的高度集权的乡村治理模式自此登上历史舞台。从 1978 年十一届三中全会到 1992 年党的十四大确定社会主义市场经济，我国的社会结构、社会组织形式、社会价值理念等都已经和正在发生着深刻变化，原有的权力高度集中、政府统管一切的社会管理方式已经不适应新的现实要求。为适应经济体制改革带来的社会变化，安徽在基层社会管理方面进行了不懈探索。

第一，人民公社解散。人民公社体制虽然确保了政府计划的有效性和农村社会的稳定性，但压抑了农民的积极性、主动性和创造性。1978 年，当安徽小岗村 18 位农民开创家庭联产承包责任制，他们获得土地经营权的同时，也使人民公社解体。1983 年，全国实行政社分开，建立了乡政府。1985 年，建乡工作全部完成，人民公社体制被彻底废除。

第二，实行基层群众自治。人民公社取消后，农村亟须重构新的治理模式。1980 年 2 月，广西宜山县合寨大队的村民率先成立了村民委员会，管理农村公共事务。这一做法得到了 1982 年宪法的明确肯定，从而为基层社会治理

---

① 郭正林．乡村治理及其制度绩效评估：学理性案例分析［J］．华中师范大学学报（人文社会科学版），2004（4）：24-31.

指明了方向。1987 年，全国人大通过了《中华人民共和国村民委员会组织法（试行）》，使村民自治由自发自治走向依法自治。1988 年，安徽省各地进行了以“撤社设乡、改队为村”为主要内容的农村管理体制改革，建立了乡政村治结构。

第三，完善乡村社会自治的法律法规。1995 年 5 月，安徽省委制定和发布了《关于加强全省农村基层组织建设的意见》，对建立村务公开和民主管理制度提出明确要求。1999 年 1 月 27 日，安徽省制定出台《安徽省实施〈中华人民共和国村民委员会组织法〉办法》和《安徽省村民委员会选举办法》两个重要的地方性法规，以地方立法的形式推进村民自治[①]。

（二）乡村政治传播的演变：从制度化传播到弱指向性传播

新中国成立以来，在 20 世纪 50 年代以合作化运动为始的人民公社治理体系、80 年代以家庭联产承包责任制为始的“乡政村治”治理体系等两次乡村治理体系的建构过程中，政治传播传统通道分为三种类型。A 类是制度化压力型的政治传播通道，会议系统就归于这一类型；B 类是制度化非压力型的政治传播通道，文件系统可归于此类；C 类是非制度化非压力型的政治传播通道，基层干部对于农民的人际传播和公众传媒可归于此类[②]。一般说来，压力型政治传播通道，受传者处于同一场域，由于传受者身份、地位的差别，在这种场域中会对受众产生一种压力型的氛围，传播效率较高。制度化的政治传播通道，通常存在于科层制的政治系统内，这一类传播通道具有强指向性特点，传播效率也较高。非制度化的传播通道，存在于政治系统之外，指向性不强，传播效率一般也不会高。

在人民公社时期，乡村社会的政治传播通道，主要是“会议—文件”系统，即制度化压力型的传播通道。而 20 世纪 80 年代以来的“乡政村治”建设中，主要是非制度化的传播通道，即以村干部对农民的人际传播和公众传播媒介为主，这样的传播通道指向性不强。当前，安徽的乡村政治传播渠道从课题组的实际调查中可以看出：以村干部对农民的人际传播（70.63%）和电视传播（51.59%）为主，其他媒介传播占比分别为：网络（41.27%）、手机（38.89%）和广播（28.57%），如图 6－1 所示。安徽当前的乡村政治传播通道是非制度化和弱指向性的，传播效率有待提高。

① 《安徽改革开放 40 年成就与经验研究》课题组．改革开放的“安徽样本”——安徽改革开放 40 年成就与经验研究［M］．合肥：安徽人民出版社，2018：248-252.

② 李广．从“运动”到“试点”：新中国乡村治理体系建构中的政治传播模式比较研究［J］．理论与改革，2007（3）：14-16.

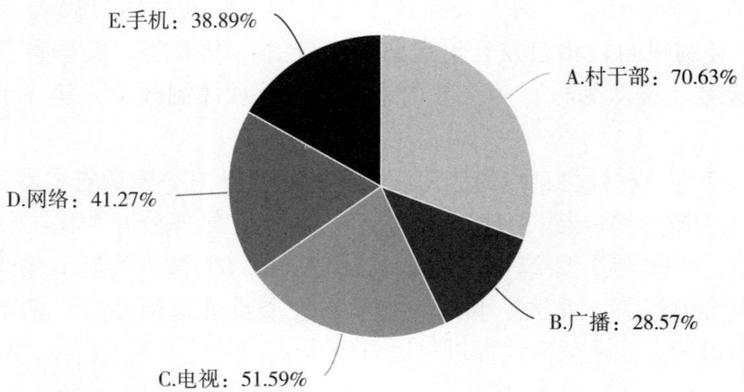

图 6－1　对“三农”政策的了解途径是什么？

数据来源：本课题组 2019 年 3 月 14 日通过问卷星对安庆市岳西县古坊乡上坊村村民进行问卷调查，上坊村通过手机微信分别建立了村民群、村党员群，本次问卷调查通过 5 名村委分别在各自联络的村民群和村党员群中转发网络问卷，再由村民在手机中匿名填写，收到有效问卷 426 人次

如何提高乡村政治传播效率？随着现代信息社会的到来，应从“微政务”传播视角对乡村政治传播和乡村治理作出新的探索。现阶段电子信息方式下的乡村治理存在诸多困境。在对策的选择上应立足于安徽乡村发展的具体实际，结合信息社会的特性，树立以“治理”为核心，以信息化传播为手段的思想，统筹规划，循序渐进，构建一个适应信息社会发展的治理架构，探索出一条具有安徽特色的乡村治理之路。

二、信息传播环境

（一）安徽所有行政村基本实现 4G 覆盖

近年来，在以习近平同志为核心的党中央提出的网络强国重要思想引领下，我国互联网基础设施建设不断优化升级，网络信息服务朝着扩大覆盖范围、提速降费的方向发展。

我国农村网民规模提升。截至 2019 年 6 月，我国农村网民规模为 2. 25 亿，占整体网民的 26. 3%①。

安徽省信息化建设稳步推进。《安徽省信息化促进条例》《关于加快建设“数字江淮”的指导意见》等相继出台，初步形成法规、规划、政策联动支持数

---

① 中国互联网信息中心．中国互联网络发展状况统计报告（第 44 次）［EB/OL］．［2021-03-24］．http：//www. cac. gov. cn/2019-08/30/c_ 1124938750. htm.

字经济的保障体系。“宽带安徽”建设扎实推进。4G 网络实现城市城区、县城城区、乡镇和高速公路、高铁连续覆盖，所有行政村基本实现 4G 覆盖。安徽加快发展“互联网+政务服务”，统一政务云平台建设。强化资金支持，省财政每年专项安排 2 亿元支持数字经济项目。

信息进村入户取得明显进展。巢湖市银屏镇申家山村村民申明元 2019 年在移动营业厅办理了套餐，每个月只需缴费 60 元，除了手机通话服务，还可获赠网络宽带使用和电视收视服务。申明元和老伴现已 80 多岁，平时接触的媒体主要是电视，手机用来和子女打电话，通过手机上网的次数并不多。老人说，办理套餐主要是为了让子女能够经常回老家，尤其是孙子辈，通过手机上网听音乐、看视频、玩微信等打发时间，他们在农村老家待的时间就能长一些。随着信息进村入户试点工作的推进，安徽加大对信息进村入户试点的投入力度，为信息进村入户创造良好环境。电信服务商、信息服务商、IT 企业和市场主体积极参与，形成政府引导下的投资多元化、运行市场化的资金保障机制。

（二）安徽乡村农民手机媒体接触率超越公众传媒

随着全国手机网民的普及，安徽乡村农民手机媒体接触率已超越公众传媒，成为农民日常接触率最高的媒体。在对岳西县古坊乡村民的问卷调查中，对于“您日常接触的媒体是什么?”的问题，回答是手机媒体的村民占到被调查村民的 62.7%，电视为 34.92%，报刊为 1.59%，广播仅为 0.79%，如图 6－2 所示。

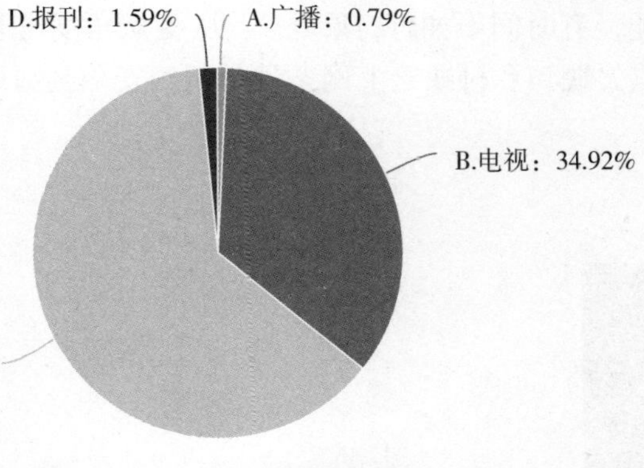

图 6－2　乡村居民媒体接触率

数据来源：本课题组 2019 年 3 月 14 日通过问卷星对安庆市岳西县古坊乡上坊村村民进行问卷调查，收到有效问卷 426 人次

针对巢湖市银屏镇申家山村常年务工在外的流动人口问卷调查显示，该村流动人口手机媒体接触率为 80.46%，电视媒体为 16.48%，广播、报刊媒体为 1.53%，网络媒体为 1.53%，见表 6－1 所列。

表 6-1　乡村流动人口媒体接触率

选　项	小　计	占比（%）
A. 广播、报刊	4	1.53
B. 电视	43	16.48
C. 手机	210	80.46
D. 网络	4	1.53
本题有效填写人次	261	

数据来源：本课题组 2019 年 3 月 15—18 日通过问卷星对巢湖市银屏镇申家山村流动人口进行问卷调查，收到有效问卷 261 人次

（三）制约安徽县级政务新媒体访问量的因素

目前，安徽县级政务新媒体的建设还处在起步阶段，大部分县级政务新媒体的访问量还不是很高，粉丝数有限。影响县级政务新媒体访问量的因素是什么？课题组对安庆市岳西县古坊乡上坊村村民进行了问卷调查，结果如图 6-3 所示。在回答“您没有访问过家乡的政务微博、政务微信的原因是什么”的问题时，62.7%的被调查村民认为是“政府没有宣传，不知道有这样的传播媒体”，19.05%的被调查村民认为是“不会手机操作设置”，17.46%的被调查村民回答是“村里没有无线上网的条件，没有智能手机”，仅有 0.79%的被调查村民回答是“不感兴趣，有时间不如打打麻将”。从受众角度考量，政府缺乏宣传、农民手机上网知识欠缺、乡村缺乏上网条件是制约安徽县级政务新媒体访问量的三大主因。

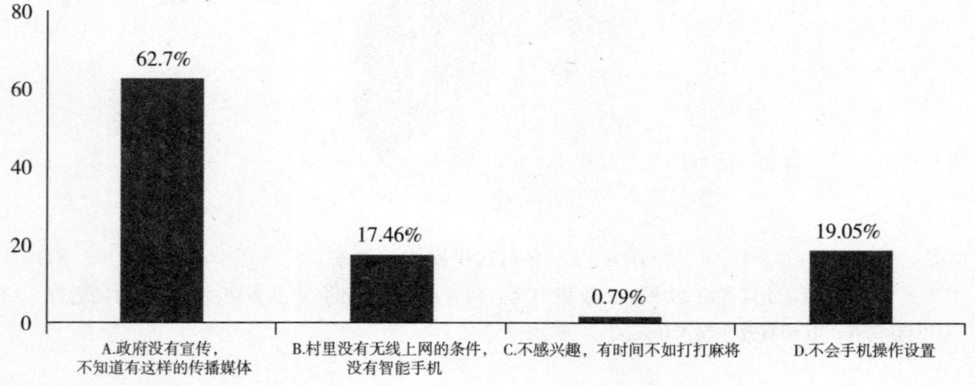

图 6-3　您没有访问过家乡的政务微博、政务微信的原因是什么？

数据来源：本课题组 2019 年 3 月 14 日通过问卷星对安庆市岳西县古坊乡上坊村村民进行问卷调查，收到有效问卷 426 人次

第四节 乡村治理中的“微政务”传播现状

一、安徽县级“微政务”在乡村治理中的发展优势

（一）县级政务新媒体有了制度化约束，向有序化方向发展迈进

将“微政务”传播运用于乡村治理的实施过程中，可以进一步促进村民参政议政，让多元传播主体参与乡村合作治理，促进乡村社会发展，同时提升政务新媒体的黏性和活跃度，增强其传播力和影响力。2016 年 8 月 5 日，《安徽省人民政府办公厅关于进一步加强政务微博微信建设的通知》明确要求，2017 年年底前，建成以“安徽省人民政府发布”现名为“安徽省人民政府网”为龙头，市、县两级政府及省政府各部门微博微信为支撑，反应灵敏、响应迅速的全省政务微博微信矩阵。安徽县级政务新媒体的发展有了制度化的约束，朝着有序化发展阶段迈进。

从行政层级来看，2019 年全省政务新媒体公众平台已经搭建了一个从省级到基层的“系统性完整的垂直覆盖式网络”。全省政务新媒体一网覆盖、互联互通，村民诉求可面向全省各类政务新媒体责任主体直接派发，极大减少了中间转办环节，缩短了办理时间。

近年来，安徽县级政务新媒体蓬勃发展。根据“中安在线”发布的“2018 年度安徽政务新媒体影响力评选”，安徽省县级十佳政务新媒体为：明光发布、幸福肥东、中国凤阳、美好全椒、巢湖发布、天长发布、养心金寨、临泉发布、三色定远、界首发布，最具服务力榜单为：利辛发布、健康肥东、望江之声、蒙城发布，最具创新力榜单为：美好含山、泗县发布、枞阳在线，最具突破力榜单为：大美石塘、来安印象、幸福长丰，最具成长力榜单为：凤阳县人民政府发布、秀美包公镇、相约店埠、来安县人民政府发布。这些县、乡镇级政务新媒体在政务信息公开和传播力、影响力方面居于全省前列。

（二）“界首发布”实行政务公开、村务公开，深化村民自治实践

政务公开和村务公开是提升乡村治理水平的重要手段。乡镇政务公开和村务公开，能够切实规范基层党政机关干部工作的方式方法、内容流程等多个环节，能够实现基层权力运行的公开化、规范化和透明化，更是我国民主政治建设不可或缺的重要内容。基层“双务”公开就是指针对与群众利益直接相关的乡镇政务和村务的公开和展示，是人民群众直接行使监督权的重要途径，也是基层民主建设的重要环节。

政务公开和村务公开作为我国政权建设和民主政治建设中的重要形式，是转

变乡镇政府职能、提升基层治理水平、维护群众民主权利、实现基层民主的重要手段，也是防范和治理“微腐败”的关键环节和实现基础①。

移动互联网时代，“微政务”传播平台是推进乡镇政务公开和村务公开的有效载体。农村基层组织合理运用“微政务”传播，将涉及村民利益的事务积极公示，可以进一步健全基层监督机制，促进乡镇行政管理与村民自治的良性互动，从而推进乡村民主监督和协商治理，深化村民自治实践。

目前，“安徽省人民政府发布”大厅仅集纳了县级政务新媒体，还没有涵盖到乡镇级别。各县级政务新媒体仅涉及县级层面政务公开，乡镇级层面政务公开和村务公开涉及较少。目前能够做到三级信息公开，比较典型的是“界首发布”。根据“中安在线”发布的“2018 年度安徽政务新媒体影响力评选——‘县级十佳’”，课题组选取“县级十佳”之一的“界首发布”作为本研究的典型案例。

“界首发布”微平台实现了县、乡镇政务公开和村务公开。从“界首发布”微信公众号，可进入“界首市——阳光村务信息网”。网站开通了惠农补贴查询、农村三资管理监控系统、农经信息管理系统等应用系统，开辟了“惠农政策”“制度建设”“三资监管”“纪律审查”“投诉受理”“便民服务”等栏目。网站首页上面开设了阳光村务微信平台，村民可以通过扫码关注每个乡镇的政务微信。每个乡镇政务微信下设村级政务微信。村级政务微信开通了“村级概况”“党务公开”“村务公开”“土地流转”“精准扶贫”“办事流程”“投诉举报”等栏目。在“投诉举报”栏目中，村民可以对“乡镇党委、政府领导班子成员，乡镇机关、镇所工作人员，村居干部”等“违反政治纪律行为，违反组织纪律行为，违反中央八项规定精神行为，违反党风廉政建设两个责任问题，侵害群众利益的不正之风和腐败问题”进行投诉举报。

“村务公开”栏目涵盖了“重大事项”“发展计划”“涉农补贴”“征地补偿”“农民建房”“医疗保险”“计划生育”“公益事业”“其他事项”等内容。“医疗保险”栏目公开了村民关心的涉农政策，如“健康医疗政策”一文，对涉农医保补偿对象、补偿时间、补偿范围、补偿标准均作了详细说明。“征地补偿”栏目对绿化征地的补偿对象作了公示。

目前“界首发布”实现了政府网站、政务微信、政务微博融合发展，形成了“微政务”大平台。“界首发布”实现了政务公开村务公开，在全省县级政务新媒体中居于领先地位。政务公开和村务公开是提升乡村治理水平的重要手段，安徽乡村治理体系中可以构建县、乡、村三级“微政务”平台，通过“微政务”

① 袁方成，郭易楠．“双务”公开联动与乡村“微腐败”治理［J］．党政研究，2019（2）：33-42.

传播平台探索“双务”公开新模式。

（三）“微政务”重塑乡村公共空间，促进合作治理

如何发挥村民在乡村治理中的主体作用，激发乡村治理的内生力量？在国家动员面前，村民的“自我言说”及话语权，对乡村治理来说至关重要。通过政务新媒体的“微问政”互动社区，村民可以随时参政议政，发挥乡村治理主体作用。

传统的乡村公共空间趋于衰落。哈贝马斯所谓的公共领域，指的是介于国家与社会之间、公民参与公共事务的地方，它凸显了公民在政治过程中的互动。某种接近于公众舆论的东西能够在其中形成①。乡村公共空间是指人们可以自由进入并在其中进行各种思想交流的场所。传统乡村社会是熟人社会，宗族祠堂、门前屋后的空地、田间地头、某些热情好客的村民家里、村委会等都可能是村民的话场子，都可以产生乡村舆论。随着经济社会的发展，村庄流动性增强，空心化严重，传统的乡村公共空间趋于衰落。乡村社会主要居住人口是老人，以课题组实地调研的巢湖市申家山自然村为例，全村户籍人口 353 人，长期居住在该村的人口为 51 人，70 岁以上老年人口为 48 人，占 94%，全村仅有一户年轻人以养殖业为生。青壮年基本去北京、上海、深圳等发达地区务工。由于各家各户忙于自己的生产经营，能互相见面聊天的机会并不多。为提升宗族凝聚力而修缮一新的申氏家族祠堂在寻常日子里，也只是静静地守候在村落里的古树下，只有到了春节这样的传统节日，才有从外地赶回来的年轻人在祠堂里拜祭祖先。村庄流动人群在现实的物理空间中虽然分离得比较远，但他们还是比较关心家乡的发展。“巢湖发布”政务微信中的一条关于“美丽乡村申家山：山中藏古意，美丽如画卷”的政务信息在村民的微信圈中被广泛转发，他们为家乡的变化而感到由衷的喜悦。可见，政务微信和政务微博等政务新媒体的发展为重塑乡村公共空间提供了契机。

“微政务”传播重塑乡村公共空间。网络时代，“微政务”传播为农民提供政治参与空间。通过“微问政”栏目，政府机构和乡村公众可以直接互动交流。“微政务”在政治体系和乡村公众之间充当润滑剂的角色，有效弥补了乡村公众政治参与渠道不足的问题，起着化解矛盾、减少冲突的作用。“微政务”传播能及时回应乡村公众的诉求。有些网民的投诉建议带有明显的不满情绪，政府组织如果能够及时答复，可以解疑释惑，疏导乡村公众情绪，化解淤积在民间的舆情。在回复的帖文中，基层组织要把工作中的困难和实际进展情况如实向公众反映，可以有效化解公众的不满情绪，政府工作也会得到公众的理解和支持，增进乡村公众对基层政府组织的政治认同感，提高向心力和凝聚力。同时，乡村公众对政府工作的监督，也提升了政府工作的执政效率。因此，在移动互联网时代，

① ［德］哈贝马斯．公共领域的结构转型［M］．曹卫东，译．上海：学林出版社，1999：24.

"微政务"传播平台重塑乡村公共空间，乡村公众能与政府组织直接对话与沟通，有效促进了政府组织与乡村公众的合作治理。

根据霍山县政务公开、政府信息公开领导小组的数据统计，网民通过霍山县政务微信中的"微互动"社区"衡山论坛""督办反馈区"发表符合规范的投诉、咨询、建议类主题帖，各单位回复率达95%以上。在论坛首页上面设置了"论坛回复排行""在线回复通报"等栏目，霍山县各政府机构回复网民投诉建议情况清晰呈现，见表6－2、表6－3所列。

表6－2　霍山县政府机构政民互动数据统计

部门名称		按时回复	超时回复	未回复	总帖数	回复率（%）
1	县住建局	1743	0	9	1752	99.49
2	县城管局	1130	0	0	1130	100
3	县教育局	1107	0	0	1107	100
4	县人社局	775	0	6	781	99.23
5	县住房公积金中心	519	0	0	519	100
6	县公安局	513	0	0	513	100
7	县卫计委	509	0	2	511	99.61
8	交警大队	465	0	0	465	100
9	县交运局	446	0	2	448	99.55
10	医疗保险管理中心	364	0	0	364	100
11	县环保局	327	0	2	329	99.39
12	供电公司	260	0	2	262	99.24
13	县民政局	258	0	1	259	99.61
14	县市场监管局	195	0	0	195	100
15	社会保险局	193	0	0	193	100
16	县国土局	132	0	1	133	99.25
17	县水务局	117	0	0	117	100
18	县林业局	115	0	0	115	100
19	衡山镇	112	0	0	112	100
20	县经济开发区	106	0	3	109	97.25

数据来源：霍山县人民政府，统计日期为2018年8月30日（本表为不完全统计，仅统计按时回复帖文数量在前20名的单位）

表6-3　霍山县乡镇一级政民互动数据统计

部门名称		按时回复	超时回复	未回复	总帖数	回复率（%）
1	衡山镇	112	0	0	112	100
2	与儿街镇	90	0	1	91	98.9
3	黑石渡镇	81	0	0	81	100
4	漫水河镇	55	0	0	55	100
5	上土市镇	53	0	0	53	100
6	诸佛庵镇	51	0	0	51	100
7	下符桥镇	39	0	1	40	97.5
8	佛子岭镇	36	0	3	39	92.31
9	太平畈乡	37	0	0	37	100
10	单龙寺镇	22	0	0	22	100
11	落儿岭镇	19	0	0	19	100
12	太阳乡	14	0	0	14	100
13	磨子潭镇	11	0	0	11	100
14	东西溪乡	6	0	0	6	100

数据来源：霍山县人民政府，统计日期为2018年8月30日

“在线回复通报”栏目每三个月对霍山县各政府机构在线回复情况进行通报，如霍山县政府微信2018年9月至12月份在线回复情况通报如下：2018年9月1日至12月31日，网民通过县政务微信衡山论坛“督办反馈区”发表符合规范的投诉、咨询、建议类主题帖123个，各单位共回117个，回复率为95%。其中，按时答复回帖117个，占总数的95%。“部门信箱”栏目收到信件92封，各单位共回复81封，回复率为88.0%。其中，按时答复信件81封，占总信件数的88.04%。通过网络通报，督促各政府机构重视网络民意。

移动互联网时代，不再是传统媒体一家独大，受众有了更多的选择。总体而言，越来越多的县级政务新媒体重视与乡村网民的互动沟通，逐渐完善“微问政”传播机制，能有效促进政治沟通，激发乡村治理的内生力量。

二、安徽县级“微政务”融入基层治理的现实阻碍

（一）传播职能定位不清，传播方式亟待改进

2016年发布的《安徽省人民政府办公厅关于进一步加强政务微博政务微信建设的通知》明确规定，安徽政务微博政务微信要加强五个方面的内容建设：发

布政府信息、强化政策解读、正面引导舆论、加强互动回应、探索便民服务。可见，发布政务信息、强化政策解读是政务新媒体的两项重要基本功能。

政治性、权威性是政务新媒体的主要特点。安徽部分县级政府机构并没有充分认识和把握政务新媒体的本质特点，政务新媒体成为当地新闻媒体的缩减版。部分政务新媒体原创政务信息不足，在话题发布上具有政治性的公共议题更是缺乏。课题组随机抽取“安徽微博发布厅”的一家县级政务微博进行统计，统计结果显示：政务微博信息中日常生活资讯和文娱资讯占到总量的七成，政务类消息仅占微博信息总量的三成，见表6－4所列。

表6－4　“××发布”政务微博发布信息统计

条　数	类　别	标　题	发布时间
1	文娱资讯	一分钟回忆那些经典动画片	2019年6月1日
2	生活资讯	童年时的“殿堂级”零食	2019年6月1日
3	生活资讯	小心诈骗，47种常见诈骗手段	2019年6月1日
4	生活资讯	××天气	2019年6月1日
5	新闻评论	中国反制　说到做到	2019年5月31日
6	国内新闻	我们在，家国兴！人民陆军征兵短片发布	2019年5月31日
7	生活资讯	国民凉菜：爽口凉拌黄瓜	2019年5月31日
8	本地政务信息	高龄津贴资金提前发放	2019年5月31日
9	本地政务信息	党员服务三夏	2019年5月31日
10	本地政务信息	农药生产企业安全隐患排查	2019年5月31日

统计时间为2019年5月31日—6月1日。

目前，安徽部分县级政务新媒体存在的问题是阅读量、关注度偏低，缺乏用户黏性。在治理模式的语义下，信息传播是实现治理意图的手段。微平台上的政府治理的基本特征在于向以公众为中心的治理理念或治理文化范式的转变。信息传播也要以公众为中心，从公众的需求出发。部分县级政务新媒体一方面缺乏乡村公众关注的政务信息，另一方面传播话语方式刻板。这部分政府新媒体信息发布还是沿袭自上而下的党报宣传思维，领导人的活动信息、会议信息堆砌，不能转化为乡村公众关切的信息内容，同时还存在有信息无解读、有数据无分析、沿用陈旧话语和官样文章的现象，难以满足用户的信息及对话需求。

安徽部分县级政务新媒体缺乏优质原创政务信息，究其原因：一是政务新媒体职能定位模糊，成为当地新闻媒体的翻版。二是缺乏信息源。相关职能部门互相隔离，信息不能共享。三是政务新媒体运营人员缺乏。政务新媒体的运营需要既了解专业知识又有较高媒介素养的各类专门人才，如原创文章撰稿人、公众号主编、平面设计人员、视频制作人员、业务拓展专员等，理应成为政务新媒体运营的标配。但在实际运营中，县级政务新媒体大多是兼职人员，即便有专职人员也往往只有一两个人。四是财力不足。政务新媒体的运营维护均需要稳定的、一定规模的专项经费来保障。而经费不足的问题长期困扰和制约着政务新媒体的运营。

（二）互动开发有限，缺乏政民互动的保障制度

与纸质、PC 时代不同，移动传播时代的网民更加活跃积极，更迫切地想找到一种快捷方式与政府互动。县级政务微博、政务微信只有顺应移动传播的趋势，契合乡村网民所需，与乡村网民积极对话，直面民意，才能真正发挥政务新媒体的乡村治理作用，增强传播力和影响力。

当前，移动互联网日益成为创新驱动发展的先导力量，政务新媒体已经成为推进政务公开、强化政民互动、加强便民服务的有效载体和最佳渠道。在政务新媒体的发展与探索过程中，全国各地都积累了宝贵经验，呈现出三种境界：第一种境界是宣传发布，第二种境界是问政服务，第三种境界是施政行政。“问政银川”成为其中的佼佼者。“问政银川”的互动率达到 99.39%，并且平均的响应时间仅为 26 分钟。银川市通过微博线上线下的互动，落实每一件普通的民意诉求，使之与政府部门的施政行为结合起来，践行了新媒体时代的微政务。

在移动互联网时代，互动力和服务力决定了政务新媒体的传播力和影响力。课题组统计发现，安徽县级政务微博整体上还处于“宣传发布”阶段。政务信息是网民关注的重点内容，在政务信息互动空间仅有少部分政务微博对网民留言作了回复。很大一部分县级政务微博以发布信息为主，不能及时回复乡村网民留言，互动性不强，回帖率不高。政务微博栏目设计单一，仅有发布信息功能，缺乏问政功能，在乡村社会治理中不能通过政务微博问政问计于乡村网民。

与用户之间的互动频度较低，这仍旧是安徽部分县级政务新媒体在发展中的最大短板。工作人员对网民的咨询类诉求、投诉类诉求等，均不能通过相应的机制加以保障，严重影响互动体验效果。

在移动互联网时代，政务微信、政务微博绝不仅仅是信息传输的途径或是实现某项功能的手段，而应该是政府由管理型政府向服务型政府转型、全面实现社会协同治理的重要驱动力。县级“微政务”的建设维护和互动平台的搭建便于基层政府问计于民、问需于民、问政于民，借助关系网络开展有效的乡村社会动员，从而与社会组织和乡村公众一道，协同开展乡村治理。因此，乡村治理中加强问政功能是安徽县级政务新媒体发展中亟待解决的问题。

（三）与乡村公众的信息需求存在偏差，受众满意度有待提升

目前，安徽省域虽然乡村公众的手机接触率较高，但县级政务新媒体的受众关注度有待提升。在回答课题组“您通过手机关注过家乡的政务微信、政务微博吗?”的问题时，76.99%的被调查村民选择的是“有关注，偶尔看下内容”，仅有18.08%的被调查村民选择的是“非常关注，并且经常互动留言”，还有4.93%的被调查村民选择的是“从不关注”，见表6－5所列。

表6－5　您通过手机关注过家乡的政务微信、政务微博吗?

选　项	小　计	占比（%）
A. 非常关注，并且经常互动留言	77	18.08
B. 有关注，偶尔看下内容	328	76.99
C. 从不关注	21	4.93
本题有效填写人次	426	

数据来源：本课题组2019年3月14日通过问卷星对岳西县古坊乡村民进行问卷调查

县级政务新媒体访问量有待提升，这与传播环境有关。同时政务新媒体的信息传播与乡村公众的信息需求还存在信息偏差。在回答课题组“政务微博、政务微信上发布的信息对您来说是否具有价值?”的问题时，43.65%的被调查村民认为“比较有价值”，22.22%的被调查村民认为“价值一般”，22.22%的被调查村民认为“价值很小”，还有11.9%的被调查村民认为“没有价值”，如图6－4所示。

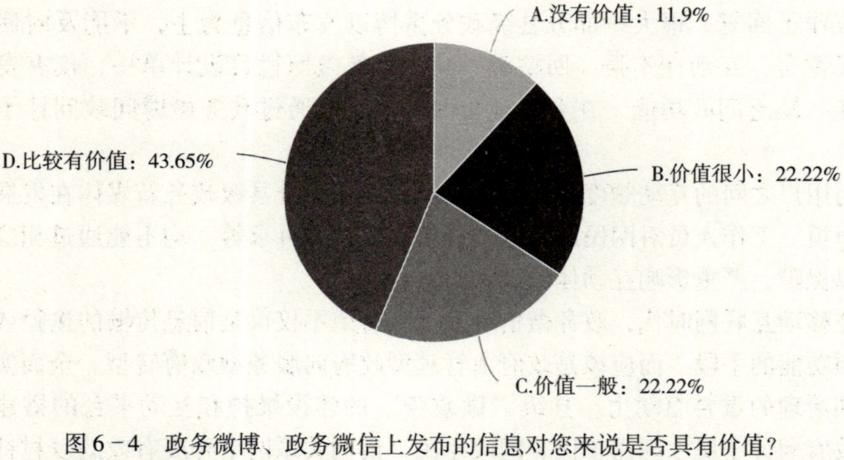

图6－4　政务微博、政务微信上发布的信息对您来说是否具有价值?

数据来源：本课题组2019年3月14日通过问卷星对岳西县古坊乡村民进行问卷调查

在回答课题组“您觉得家乡的政务微博、政务微信平台有哪些不足之处?”的问题时，59.52%的被调查村民认为是“信息更新不够及时”，49.21%的被调查村民认为是“信息量少，缺乏公众关心和迫切了解的政策信息”，41.27%的被调查村民认为是“与公众的互动沟通不够”，26.19%的被调查村民认为是“缺乏规范有效的管理机制”，还有22.22%的被调查村民认为是“便民服务不够”，如图6-5所示。

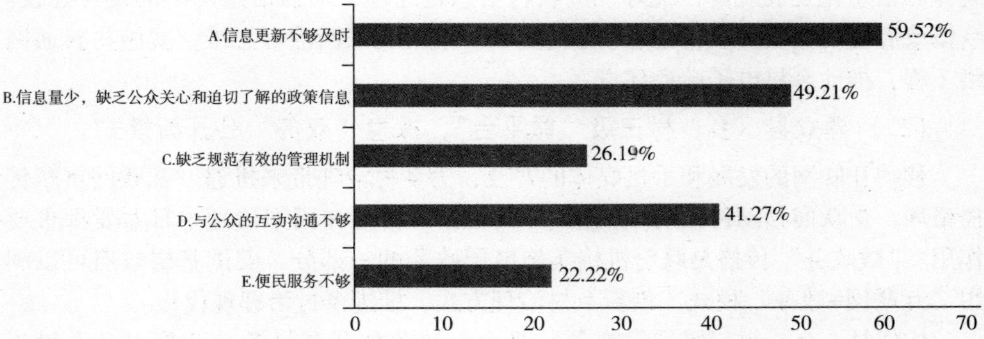

图6-5　您觉得家乡的政务微博、政务微信平台有哪些不足之处?

数据来源：本课题组2019年3月14日通过问卷星对岳西县古坊乡村民进行问卷调查

第五节　建构多元参与的“微政务”互动治理模式

治理的最佳状态为“善治”，就是使公共利益最大化的社会管理过程，其本质就是政府与公民对公共生活的合作管理。要坚持以习近平新时代中国特色社会主义思想为指导，按照实施乡村战略总体要求，贯彻《中共中央办公厅国务院办公厅印发〈关于加强和改进乡村治理的指导意见〉》，优化“微政务”传播生态，形成多元参与的“互联网+”治理格局，推动乡村社会形成善治，进而促进乡村振兴。

一、探索“双务”公开新模式，建立“微政务”融合大平台

（一）结合国家数字乡村战略，加强乡村网络的硬件建设

加强乡村网络的硬件建设。2019年5月中共中央办公厅、国务院办公厅印发了《数字乡村发展战略纲要》（以下简称《纲要》），提出要着力发挥信息化在推进乡村治理体系和治理能力现代化中的基础支撑作用，繁荣发展乡村网络文化，构建乡村数字治理新体系。

《纲要》提出数字乡村建设的战略目标：到2020年，数字乡村建设取得初步

进展。全国行政村4G覆盖率超过98%，农村互联网普及率明显提升。农村数字经济快速发展，“互联网+政务服务”加快向乡村延伸。到2025年，数字乡村建设取得重要进展。乡村4G深化普及、5G创新应用，城乡“数字鸿沟”明显缩小。到2035年，乡村治理体系和治理能力现代化基本实现。

安徽可以结合国家的数字乡村战略，把数字乡村摆在数字安徽建设的重要位置，加强统筹协调、顶层设计、总体布局、整体推进和督促落实。遵循乡村发展规律和信息化发展规律，统筹推进农村信息化建设，加强信息网络的硬件建设。乡镇政府应切实发挥乡村治理的主导作用，确立互联网治理思维，实施村村通网络工程，推动乡村电子政务建设。

（二）建立县、乡、村三级“微平台”，探索“双务”公开新模式

移动互联网的发展和手机媒体的普及，为乡村治理带来机遇。互联网重塑传播格局，受众向移动传播场域转移，“微政务”传播在国家治理中日益发挥重要作用。“微政务”传播是政府机构实施电子政务的一部分，安徽基层政府可以利用“互联网+政务”模式，创新乡村治理方式，推进乡村治理现代化。

构建县、乡、村三级“微政务”平台。政务公开和村务公开是提升乡村治理水平的重要手段，建立县、乡、村三级“微政务”平台，通过“微政务”传播平台探索“双务”公开新模式。县、乡镇政务公开的重点内容是惠农政策、农村经济社会发展规划、群众关心的热点难点问题，村务公开则要将本村村情、村务、党务、计生、财务等问题详细向村民公开。县、乡两级政务公开作为村务公开的外延，实现政务公开、村务的联动公开，可以进一步提高公开质量，推进乡村民主政治建设，使基层群众能够更好地进行民主监督，深化乡村自治实践。

（三）整合电子政务资源，形成“微政务”融合大平台

打通信息通道，整合多种政务平台，互联互通，融合发展，可以降低运营成本，有效提升政务新媒体的传播力和影响力。整合电子政务资源，着力加强政府网站、政务微博、政务微信的协调互补，形成政务全媒体矩阵，发挥整体优势。循序渐进地推进政务微信、政务微博、政府网站的融合，还可以在政务微信中融入微视频、网上论坛等互联网传播媒介，打造“大政务微平台”。移动互联网时代，有关部门可注意开发手机、电脑等不同的政务媒介终端产品，让用户在不同的介质上都有较好的阅读体验。

推进县级、乡镇、村级政务网络资源的整合，打造跨层级、跨部门的信息共享机制。随着网络技术的更新发展，政务机构要学会融合网络新技术，打破信息孤岛，将长期“条块分割，各自为战”、分散在各个部门的信息有效整合，实现数据协同共享和规模效应。村“两委”人员要适应信息化建设与发展的形势，探索实施“微政务”治理与村级数据治理模式，提升服务能力。通过“微政务”

平台的运行与维护，逐渐实现乡村社会和上级相关部门之间数据互联互通和共享共用，并逐步形成、汇集起完整、准确的民生大数据，供乡镇政府及相关部门分析研判，以提供决策咨询和制定政策参考，实现基层社会治理与服务的精准化①。

二、建构“微”互动社区，形成多元参与的治理格局

（一）以农民为中心，确立多元治理主体

治理是多方主体参与的活动，在众多的传播主体和治理主体中，占据主导地位的应该是农民。在当前的乡村治理中，基层组织、乡村精英居于治理主体地位，课题组调查结果显示，在乡村政治传播中以村干部的人际传播为主，农民则是信息的被动接收者，主动参与信息传播的较少。

在移动互联网时代，“微政务”传播具有促进信息公平流动、赋权弱势群体、创造社会平等的文化和促进社会可持续性发展的功能。“微政务”传播扩大了农民的传播权。要以农民为中心，确立多元治理主体。中央政府、基层组织（乡镇政府）、乡村精英、农民组织、农民等是乡村传播的多元主体。他们在传播实践中，可以发挥各自的独特优势和作用。传播权决定着治理权，多元的传播主体分担乡村治理的责任，实现对乡村公共事务的合作管理，以达到公共管理效率的最优化。多元化的传播主体形成，可以推动乡村治理范式的转型，重建国家与乡村社会的良性互动关系，形成多元参与的治理格局，形成实质性的对话，实现乡村社会的“善治”。

（二）建构乡村议事“微”空间，形成多元协商的治理格局

创新乡村社会治理方式，主要是强调多元主体通过协商的方式实现对乡村事务的参与式治理，运用“微政务”传播平台推动社会治理创新，就是把“微政务”传播平台搭建成多元主体意见表达的平台，使农民、乡村精英、农民组织等能够实现与政府机构的平等对话，通过互动的过程来共同管理社会事务，推动乡村社会治理方式的改进和创新②。不断创新政府与农民互动平台，畅通二者对话渠道，优化公共决策过程。一是在“政务微信”传播平台上，可以以“二维码”链接的方式建立以村落为单位的村务微信互动群。这样就把流动中的村落成员重新聚合在同一网络空间内，实现村落成员与基层组织信息实时互动与信息共享。在微信群中，普通村民、乡村精英、基层组织、农民组织既可以参与涉及乡村公共议题的讨论，也可以直接参与公共议题的制定，在这个过程中普通村民可以说

① 房正宏，王冲．互联网时代的乡村治理：变迁与挑战［J］．电子政务，2017（1）：24-31.

② 李剑利．社会治理创新视角下政务新媒体发展探析［J］．中共石家庄市委党校学报，2016（2）：43-45.

参与了乡村治理各项议题的决策过程。村落成员在话题讨论过程中，彼此密切关系增进情感交流，也增强了对村落的集体认同感。二是基层政府可以通过政务微信链接到政府网站设置的政民互动栏目，如“书记信箱”“县长信箱”“我要写信”等栏目，倾听村民的心声，实现对村落公共事务的管理。这个互动空间与微信互动群比较，相对静态，主要是收集民情民意，在一定时间内再对村民的意见作出反馈。目前，安徽县级政务新媒体的“微问政”栏目大部分是按此方式运营的。三是政府机构通过政务微博互动空间及时收集民情民意并作反馈处理。在政务微博上发布的政务信息，每个乡村公众均可以跟帖发表评论意见，政府组织可以广泛收集民意，增强乡村治理的科学性和民主性。

（三）规范化发展，全省建立统一的“微问政”管理机制

我国政府有关部门可以借鉴英美等发达国家电子政务建设的成功经验，就政务新媒体的运营管理出台相应的规范，并制定出详细的使用指南，指导地方政府机构如何正确使用政务新媒体。安徽应从省级层面及早拟定针对县级、乡镇级政务新媒体的统一的运行管理和考核办法，规范政务新媒体的运营。

针对微问政流程建立相应的管理机制，以监督和保障各环节的执行过程和质量。问政管理流程可借鉴“银川模式”[①]。作为微问政的行使主体，政府机构需要配合微政务传播平台运营者对村民的问政需求（如投诉、咨询、建议）按转办、交办、督办的流程加以处理，同时还应针对微问政流程建立相应的管理机制，以监督和保障各环节的执行过程和质量。这具体可包括下述内容：（1）建立常态化互动沟通机制。为了及时了解村民诉求，需要在微政务传播平台配备专门的人员保持与村民的常态化互动。建立跨部门沟通与协调机制，即在各部门中安排专门的机构和团队负责日常的问政工作，明确权责、理顺关系、对接平台，使部门之间有效协同。（2）建构“微问政”的运作机制，包括使用问政平台的值班制度，以及处理村民留言的流程、时限等规范性制度，还有村民意见反馈机制。具体工作由各县人民政府牵头，本着“统一受理、分级负责、归口管理、及时回复”的原则，构建“受理一体化、处理快速化、服务优质化”的村民意见反馈机制。（3）加强绩效考核和问责制度。将各部门开展“微问政”的结果列入部门绩效考核内容，由主管部门定期或不定期地对各政府部门的问政结果展开考核，通过内部通报和公示的方式传达考核结果，并对问政结果不佳的政府部门予以问责。（4）完善反馈监督机制。与“微问政”平台相配合，增加村民对政府反馈结果的再反馈和满意评价的功能，并由平台运营主体将公众评价意见通报给相关单位，督促各政府机构改进行政行为和提升绩效。

---

① 黄河．移动互联网时代的政府形象传播［M］．北京：中国人民大学出版社，2018：195.

三、优化“微政务”传播生态，促进乡村社会形成善治

（一）加强应用宣传，提升农民媒介素养和政治参与意识

根据课题组调查问卷分析，政府缺乏宣传、农民手机上网知识欠缺是制约县级政务新媒体访问量的两大主因。针对上述问题，可以从以下几方面改善“微政务”传播环境。

第一，要提升农民的新媒体媒介素养。媒介素养是指正确地、建设性地享用公众传播资源的能力，能够充分利用媒介资源完善自我，参与社会进步。在移动互联网时代，政府部门应加强对农民群体的新媒体媒介素养培训，首先要加强对政务新媒体的应用宣传，让本地区的农民群体下载和安装政务 App，通过微博和微信关注本地区的政务新媒体，让普通村民学会如何使用政务新媒体。加强对农村留守儿童和妇女、老年人网络知识普及。充分发挥第一书记、驻村工作队员、大学生村官等主体作用，加强对农民的新媒体素养培训，增强农民的新媒体使用和信息传播技能。

第二，要增强农民群体利用政务新媒体参与乡村政治生活的意识。民主化的村级治理必须唤起非治理精英的责任意识。农民作为乡村治理的主体，这个主体不是松散无力、政治冷漠的个体，而应是积极参与乡村治理的有力组成部分。需要强化农民的主体意识，通过政务新媒体让农民有效参与政治生活，增强信息传播能力，逐步培养他们的政治参与技巧、扩大传媒接近权，从而提升农民的传播主体地位，真正让农民自我教育、自我管理、自我服务，主动参与乡村治理，深化自治实践。

（二）合理定位传播职能，传播符合农民需求的信息内容

政务微博、政务微信等政务新媒体是政府部门实施电子政务的一部分，与公众媒体相比较，它们具有政治性和公共性等传播特征。在县级及以下政务新媒体传播中，同样应加强政治公共议题的设置，及时公开政务信息、村务信息，对无关公共议题的话题减少传播或者不传播，增强政务新媒体的政治性和公共性。

除了及时公开政务信息、村务信息，县级及以下政务新媒体面对的受众主要是乡村公众，传播信息应符合农民阶层的需求。课题组的问卷调查显示，目前安徽乡村公众亟须政务新媒体为其提供这几类信息：一是“希望了解国家对农村的政策，特别是党的惠民政策及时宣传，随时更新”，占被调查村民的 85.71%；二是农产品产销服务、农业技术信息服务、种植养殖业、脱贫措施等致富信息，占被调查村民的 69.05%；三是乡村文化信息，占被调查村民的 64.29%；四是社会就业、医疗宣传、保险宣传等便民服务信息，占被调查村民的 51.59%；五是与政府部门或官员的互动信息，占被调查村民的 36.51%。如图 6－6 所示。

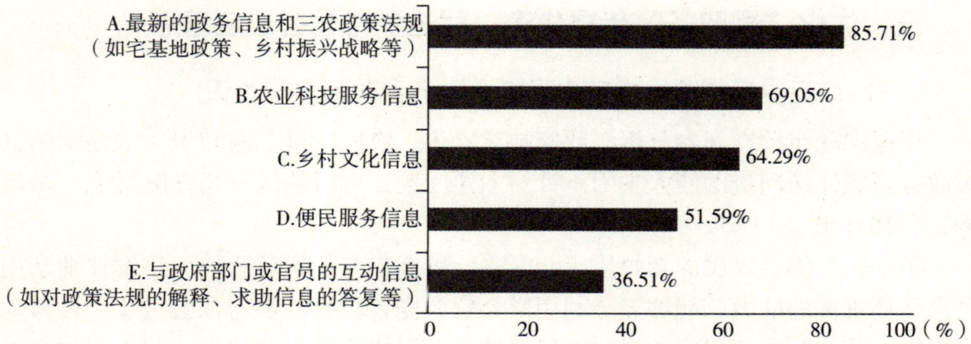

图 6－6　最希望在本地区的政务微博、政务微信中看到哪些信息并得到哪些服务？

数据来源：本课题组 2019 年 3 月 14 日通过问卷星对安庆市岳西县古坊乡上坊村村民进行问卷调查

安徽部分县级政务新媒体一方面缺乏乡村公众关注的政务信息、村务信息；另一方面传播话语方式刻板陈旧，信息发布还是沿袭自上而下的党报“灌输式”宣传思维，存在有信息无解读、有数据无分析、沿用陈旧话语和官样文章的现象。针对以上问题，这部分政务新媒体理应改进文风，从领导人的活动、会议信息中提炼出乡村公众关切的政策信息加以发布和解读。有关部门可根据“微政务”传播规律发布信息，运用形式活泼的“微”语言，拉近和受众的距离；利用群众喜闻乐见的传播方式，如微视频、微图片、微漫画等丰富传播内容，增强政务新媒体的传播力和影响力。

（三）加大支持力度，培养一批新媒体管理运营人才

加大对政务新媒体人力、资金、技术支持的力度，将政务新媒体建设纳入财政预算。加强新媒体技术和运营培训，在政府部门培养一批有技术、有能力、懂网络的新媒体管理运营人才，采取政府购买服务的形式，选择资质好的第三方公司合作，作为后台运营的保障，解决各类技术难题，提高服务效率。

提高“微政务”工作人员的专业化和职业化程度。政务新媒体具有政治性和权威性等传播特征，在“微政务”传播平台上，基层政府组织（乡镇政府等）要对自己发布的信息承担责任，这就要求相关工作人员具有较强的信息处理能力，熟练运用图表和视频等相关制作技术在政务新媒体上发布信息，熟悉各项涉农政策，对政策有较好的理解能力和解读能力，利用信息能及时回应乡村公众的需求。为此，需要培养一大批复合型的具有高度专业化和职业化修养的新媒体运营人员。政府部门可以组织高校和研究机构的专业人士，为安徽基层政务新媒体工作人员进行这方面的培训，或将工作人员派驻到全国政务新媒体运营业绩突出的单位学习取经，提高新媒体职业素养。

第七章 媒体融合条件下传统媒体创新发展策略

第一节 研究现状及研究思路

媒介融合现已成为一项国际性的热点与前沿课题。在传统媒体创新发展过程中，它与新媒体的融合是主流趋势。关于媒介融合研究主要涉及以下几个层面。

一、媒介融合的基础理论研究

媒介融合的概念研究。目前，对媒介融合的理解主要从狭义和广义两个维度进行。狭义的媒介融合是指不同媒介形态的融合。广义上的媒介融合是指所有媒介及其相关要素的融合[①]。中国人民大学蔡雯教授是较早引荐西方“媒介融合”理论和实践的学者。她认为，“融合媒介”在西方学者的研究视野中，首先受到关注的是公众媒介如何从各自独立经营转向多种媒介联合运作，尤其是在新闻信息采集发布上联合行动，以最大限度人力、资金和设备的投入，降低新闻生产成本。“融合媒介”基础上的新闻传播实践与传统的单一媒介的新闻传播活动有着巨大差异，构成了崭新的新闻传播模式——“融合新闻”[②]。

媒介融合的功能研究。随着对媒介融合的深入探索，许多学者从新闻传播、技术和文化的角度对媒介融合的意义进行了探讨。中国人民大学彭兰教授指出，媒介融合将带来产业重组和融合。还有学者认为，媒体融合不仅具有传统媒体和新媒体的特点，还运用了数字化的传播手段，所以它具有传播速度快、信息精度高的优势。

媒介融合的要素研究。美国学者归纳了五种媒介融合要素，即所有权融合、策略性融合、结构性融合、信息采集融合、新闻表达融合。国内学者把媒介融合

---

① 黄楚新，文传君．2019 年媒体融合研究热点综述［J］．媒体融合新观察，2020（3）：4-9.

② 蔡雯．媒介融合发展与新闻资源开发［J］．今传媒，2006（11）：11-13.

的要素归结为内容融合、技术融合、所有权融合、监管融合、渠道融合、资本融合、产业融合等方面①。

媒介融合的实践研究。媒介融合的发展状况也是学者们关注的焦点。随着传统媒体融合转型升级的加速，现象级的媒体融合产品不断涌现。从“中央厨房”到“县级融媒体中心”，媒体融合已进入“打通最后一公里”阶段。学者胡志英以《三秦都市报》为例，剖析“中央厨房”式新闻生产模式的主要特点和创新实践，总结报业转型过程中的“中央厨房”经验：《三秦都市报》打破报网结构间壁垒，实现深度融合；优化媒介终端与采编流程，实现报道不间断；从聘任制度入手，促进传媒人才全媒体转型；因需制宜，为客户提供整合营销套餐业务。建设“四大全媒体”已成为推进全媒体建设的重要举措。人工智能、5G等新兴技术将深入新闻制作的全过程。县级融媒体中心建设已成为国家媒体转型发展的战略。许可、梁刚建从“四全媒体”视域探讨县级融媒体中心的创新路径，提出以内容再造打造全程媒体、技术拓展打造全息媒体、内部变革打造全员媒体、建立高质量的评价机制打造全效媒体这四个维度推动县级融媒体中心的创新发展。媒体融合不断深化，新媒体在“一带一路”建设中发挥着带动和引领作用。

媒介融合理论研究的趋势。从研究成果来看，国内外学者已经注意到媒介融合是行业发展的必然趋势。媒介融合还存在几个议题：打造“四全媒体”；媒介融合的竞争、互动和传播特性；媒介融合的业务流程再造；媒介融合的体制机制改革；培育新型主流媒体；全媒体人才培养；构建主流舆论格局，建立全媒体传播体系；等等。这些研究都与媒介融合的发展战略有关。

二、媒介融合理论研究的不足与本研究思路

国外的研究起步较早，视角也比较多元。我国学者对媒介融合的研究主要是引进国外的理论成果，理论框架有待进一步深化。在研究方法上，目前的研究大多停留在理论和定性方面，缺乏案例研究和实证研究。本研究以合肥传统媒体为对象，采取定性与定量、理论与实践相结合等方法，分析合肥传统媒体发展现状，提出媒体融合条件下合肥传统媒体创新发展的对策建议，从而提升合肥主流媒体的传播力、公信力、影响力和舆论引导能力，以期在意识形态、舆论引导以及产业发展等层面为合肥传媒业的繁荣和发展提供参考。

① 刘结玲．媒介融合研究新进展综述［J］．中国传媒科技，2013（4）：1–2.

第二节　媒体融合的背景及发展模式

一、媒体融合转型的时代背景

媒介融合成为国家战略。2014 年 8 月 18 日，国家主席习近平主持召开中央全面深化改革领导小组第四次会议，通过了《关于推动传统媒体与新媒体融合发展的指导意见》（以下简称《指导意见》）。《指导意见》指出，推动传统媒体和新兴媒体融合发展，是落实中央全面深化改革部署、推进宣传文化领域改革创新的一项重要任务，是适应媒体格局深刻变化、提高主流媒体传播力公信力影响力和舆论引导能力的重要举措。

媒体融合发展的目标主要是在中国建立新型主流媒体和现代传播体系，这意味着在新的传播技术语境下，以传统媒体为代表的官方媒体需要适应新的信息传播模式，改变现有的话语权掌控方式，然后实现自身的现代化转型。这不仅是传统媒体适应现代传播技术发展、提升传统媒体传播力影响力和核心竞争力的需要，也是控制话语权、加强舆论引导的需要。

二、媒体融合的三个阶段

我国的媒体融合是一个不断演进的过程。随着网络技术的发展以及传统媒体与新兴媒体的融合逐步深入，媒体融合大致可以分为三个阶段。

第一阶段——传统媒体构建新兴媒体。这个阶段被称为 Web1.0 阶段。在这个阶段中，传统媒体直接将内容转移到互联网上，这是“复制阶段”。从内容生产者角度来看，以商业公司为主体将内容往网上搬；从交互性来看，Web1.0 是网站占主导权，用户反馈少。信息的传播是单向性提供，受众被动接收。传统媒体是主要的信息提供商，互联网仅是一个新兴载体。报纸等传统媒体纷纷开设自己的新闻网站，提供电子版报纸，报纸开始实施数字化战略。

第二阶段——传统媒体与新兴媒体互动发展阶段。这个阶段被称为 Web2.0 阶段。传统媒体与新媒体在技术和平台上完美结合，交互性是融合媒体的一个显著特征。传统媒体衍生出适合网络传播的新媒体产品，新媒体产品与传统媒体的传播内容有所区别，在编排上符合网络的传播特点，更加适合网络受众，不再是传统媒体的“翻版”。在“互动”阶段，传统媒体与新媒体按照各自的流程规则运作，网上网下共同发声，形成强大的舆论导向。可以说，目前传统媒体涉及新媒体，大都在这一阶段。在这个阶段，传统媒体和新媒体仍然是“两张皮”，思想和实践仍然带有传统媒体的色彩。互动阶段最大的问题仍然是传统媒体所面临的原始问题，即新媒体无法盈利。传统媒体的盈利能力和水平受到挤压，利润空间越来越小。

第三阶段——传统媒体与新兴媒体融合发展阶段。这个阶段被称为 Web3.0 阶段。在这个阶段，传统媒体与新兴媒体真正融为一体，以互联网思维运营全媒体。就媒体内部而言，整合新老媒体资源，建构一次采集、多种生产、多元传播的现代传播体系，从而实现业务流程再造、内部组织架构统一、生产流程一体化的全媒体运营模式。就媒体外部影响而言，以全媒体的方式占据舆论场，舆论引导力得到增强。媒体的概念得到重新诠释，传媒业进入一个新时代。

三、媒体融合的路径

媒介融合是一个在传播技术、组织结构、运营平台、生产流程、商业模式、管理体制等方面进行全面调整和变革的过程。中国的媒介融合应该在政府、市场、企业等多种因素的推动下共同演进，发挥市场在资源配置中的决定性作用。

（一）媒体融合的演化路径：从技术融合、业务融合到产业融合

传媒产业分立时代存在进入与退出壁垒，即存在着产业边界，报刊出版、广播电视和电信产业都有自己的产业边界，表现在各自不同的载体、信息传播方式和接收终端，形成了各自的产业价值链。随着不同产业之间的技术创新扩散，消除了不同产业之间的技术性壁垒，使得不同产业之间形成了共同的技术基础，为消费者提供相似或相同的产品，及时融合促使产业边界模糊化。

随着多媒体技术和通信技术的发展，不同的网络能够提供多元化的信息服务，终端消费者可以通过互联网来看电视和打电话，并获得各种各样的网络信息、咨询、娱乐、教育和商务功能，这种替代性产品和服务的出现导致了不同行业之间的业务扩展和扩张，形成了新的业务融合市场。业务整合改变了原行业的生产技术、业务流程和管理组织，资源可以在更大的市场范围内配置，促进行业间的兼并重组，最终导致产业融合①。

（二）媒体融合的并购路径：横向融合、纵向融合和混合融合

我国媒体融合路径主要是可经营性资产之间的并购重组，时政类报刊出版企业与广播电视播出机构是事业单位，主要承担意识形态宣传的任务，不能进行并购重组。而非时政类报刊出版企业、广播电视节目公司、有线电视网络、互联网以及电信产业之间可以实现并购重组，促进媒体融合。

近年来，中国的媒体融合主要表现为传统媒体与游戏公司、影视公司、网络

---

① 肖叶飞，刘祥平．传媒产业融合的动因、路径与效应［J］．现代传播，2014（1）：68-71.

公司和新媒体的整合，通过兼并重组实现全媒体发展战略。传媒业通过对其生产经营链条上的产品和服务进行纵向或横向的兼并和收购其他企业，以不断拓展其业务和经营范围。传媒业通过横向、纵向和混合融合，实现了企业交易的内部化，降低了交易成本，迅速扩大了自身的生产、技术、资金等，发挥了规模经济和范围经济的作用，增强了企业的竞争优势。这种并购与重组的形式多样，包括全资兼并、控股收购、整体合并、合资新建、合资收购等不同形式。

横向并购主要是为了扩大生产规模、节约生产成本、提高生产要素的利用率，发挥规模经济效应。纵向并购是指形成产供销的纵向整合，降低交易成本，完善产业链。而混合整合就是多元化经营，提高利润水平，防范经营风险，发挥范围经济效应。传媒业的混合整合主要是指传统媒体对新媒体企业的并购，如浙江日报社、博瑞传媒、凤凰传媒等都收购了手机游戏和网络游戏①。

四、媒体融合的要素

传统媒体与新兴媒体融合发展需要确立“互联网+”思维，就是要在应用新传播技术的基础上，将网络作为媒体连接公众的主要方式。媒体融合的目标正是要在互联网连接的基础上建立与新的传播关系相适应的现代传播体系。

内容融合。内容融合是指传统媒体的互联网化，也就是传统媒体集团利用新的生产技术生产适合互联网传播的内容。为此，内容生产的流程也要按照互联网传播的需要来进行重新配置。高质量的内容在媒介融合过程中的主要作用不仅是实现媒介的公共信息传播功能，而且客观上可吸引用户到互联网平台，创造与媒介连接的效果②。

组织融合。组织融合是指为适应互联网时代传播的新规律和新特点，对传统媒体的组织结构进行调整。它强调新闻生产流程再造应打破按职能设置部门的管理模式，重构以业务流程为中心的管理流程。

平台融合。传统媒体的互联网化主要是建构用户数据库，通过对用户数据的挖掘、分析，实现对用户的精准“画像”，根据用户的需求精准传播。所谓平台融合，就是将不同的用户数据库有效地连接起来，形成一个更大的、普遍联系的平台。一些传统媒体缺乏平台意识，只是在媒体融合的大背景下做了一些新产品，并没有意识到要建立用户平台。媒体应该意识到，在建立用户入口之后，还应该增强自身的数据库建设能力，将用户数据库作为媒体平台的主要资产。在此基础上，媒体通过

---

① 肖叶飞．我国传媒产业并购重组之现状［J］．新闻战线，2014（11）：78-80.

② 人民日报社．融合坐标——中国媒体融合发展年度报告（2015）［M］．北京：人民日报出版社，2016：7.

整合社会信息资源，建立超大内容和用户数据库，实现“数字化生存”。

渠道融合。信息传播渠道可以理解为“网络+终端”。在实际运营层面，它还包括双方的接入平台。“网络”指的是信息传播的通道，“终端”指的是最终内容产品呈现的设备。所谓渠道融合，其关键在于把传统的媒体信息传播渠道改造成互联网的信息传播渠道。

经营融合。经营融合是指传统媒体根据媒体融合发展需要，变革以广告为主的传统商业模式，在新的体制机制下形成一种依靠市场资源良性运行的新型商业模式。传统媒体构建用户平台在对用户数据进行采集、分析之后，除了能将其应用到信息精准分发中，为用户提供个性化的内容和服务之外，还能通过精准营销和数据库电商实现媒体商业模式的转型。在未来，媒体的商业模式将从相对单一的广告模式转为数据库营销和数据库电子商务。

技术融合。媒体对 H5、VR 等各类新技术的应用更为普遍，技术创新丰富了媒体的内容产品形态。大数据影响新媒体的生产内容，它不是媒体的资讯，而是一种全景性的数据。大数据对新闻制作的影响体现在三个方面：发现新闻、新闻筛选、新闻表达与呈现①。

五、媒体融合发展的盈利模式

我国媒体融合发展正逐步进入“深水区”。在媒体融合这个复杂而系统的工程中，盈利模式是考察媒体融合发展的重要指标之一，同时也关系到传统新闻业的转型成功与否。盈利模式是指企业探求利润来源、生产过程、产出方式和管理控制的系统架构和方法，有时也被称为商业模式。目前，盈利模式仍为媒体融合发展的短板之一。媒体组织实现真正的媒体融合，需要建立能够带来经济效益的商业模式。结合国内外的相关案例，传统媒体创办新兴媒体的商业模式包括以下几种情况，有一定的参考价值②。

（一）产品价值链

很多时候，产品即企业的核心竞争力所在。在产品上获取利润，也是最直接的办法。在报纸、杂志、电视节目、广播节目等传统媒介产品获利困难的情况下，应充分利用传统媒体内容的质量价值，并积极开发在互联网与新媒体领域的产品种群。

---

① 人民日报社．融合坐标——中国媒体融合发展年度报告（2015）［M］．北京：人民日报出版社，2016：7-25.

② 北京市新闻工作者协会，梅宁华，支庭荣．中国媒体融合发展报告（2016）［M］．北京：社会科学文献出版社，2017：84.

1. 付费墙模式

付费墙是指对报纸数字版进行收费阅读，是对传统优质内容的一次价值再创造。新媒体环境下，1%的人制作内容、99%的人看的规律并没有改变，好的内容的价值仍然存在。把内容做到极致，把内容做成“奢侈品”，内容就具有盈利的可能。

尽管国内只有少数报纸对其数字报进行收费阅读，但付费墙在国外已极为普遍。国外付费墙的主要策略有：（1）完全封锁模式，即网上每篇文章都需要收费。美国《纽约时报》在2011年3月正式建立起付费墙制度，到2012年，其订阅收入首次超过广告收入，成为该报的主要收入来源①。（2）不完全支付模式。报纸网站免费提供绝大多数新闻内容，但长期对本报最具竞争力的独家新闻和独特专栏收费。一般90%～95%的内容免费，5%～10%的内容收费，英国知名报纸《每日电讯报》采用此种模式，允许用户每月免费浏览20篇文章，其余实行在线收费。（3）套餐模式。该模式具备很大的灵活性，各大媒体可以根据自己的实际情况收费，如网上订阅、纸质版报纸和网络版报纸一起捆绑订阅，订阅纸质版报纸可以享受包括iphone、App、iPad等终端的免费数字订阅等，因而成为媒体最青睐的方式。在国内，《南方都市报》《中国证券报》《第一财经周刊》都实行了不同程度的收费形式。

2. 创新产品形态

在新媒体环境下，传统媒体的市场份额逐渐压缩，其主要原因是大量商业新媒体日益分割着传统媒体的内容市场。当前，传统媒体要创新产品形态，形成新媒体产品矩阵，吸引巨量粉丝从而将流量变现。

第一阶段是内容媒体。该阶段汇集内容，形式是传统媒体+PC端，以报网互动为标志。

第二阶段是社交媒体。该阶段集聚用户，形式是传统媒体+客户端+微博微信等社交媒体，以官方微博、微信公众号、多媒体产品、H5产品等为标志。

第三阶段是场景媒体。该阶段实时应用，形式是大数据、云计算、人工智能等，以大数据产品、VR/AR产品、全景产品（3D产品）、个性化定制产品为标志。

（二）用户价值链

用户资源是被许多媒体忽略但又蕴含着巨大价值的资源。关注价值链上的用户环节，可从五个方面实现创新盈利：

1. 数据服务模式

数据服务模式以用户需求为导向，根据媒体拥有的各类数据资源为用户提供某些特定服务。《华尔街日报》报道资源数据库、路透社的经济数据库、《经济

---

① 孙志刚，吕尚彬.《纽约时报》付费墙对中国报纸的启示［J］.新闻大学，2013（3）：109-114.

学人》的“智库”、《日本经济新闻》的经济研究中心等，这些平台都面向全球读者提供信息服务。

2. 会员模式

会员模式将读者、用户变为注册会员，实行收费。随着网剧、网络综艺的兴起，爱奇艺、优酷、搜狐视频等视频网站越来越多地吸引会员注册，付费观看视频。

3. 打赏模式

“打赏”文化古已有之。网络时代的打赏，最初是以虚拟货币、虚拟礼物等在网络秀场、网络文学网站中出现。2014 年微博、2015 年微信分别推出打赏功能，读者通过网络支付直接向内容发布者打赏数额不等的金钱。这为遏制公众号抄袭、鼓励用户创造优质原始内容、维护用户版权创造了良好的环境。打赏模式实现了内容简单直接变现，成为众多自媒体的福音，传统媒体如何分得一杯羹，还有待探索。

4. UGC 模式

UGC，即用户生成内容。在互联网时代，人人都有可能成为传播者。网民们发表的帖子、评论、图片、音视频等，形成了海量的内容资源，等待媒体去挖掘。在开放新闻、开源运动的影响下，多维新闻学、开放新闻学或“商议新闻学”等概念逐渐兴起①。如英国《卫报》以开放的姿态将“公民新闻”和网民发布的信息和言论等用于自己的新闻报道之中。

5. 分众模式

基于大数据技术，网络使用者很容易被推断出喜好倾向并得到相关推送，从而使分众化更加明显。此外，市场上还有许多小众人群，吻合长尾理论的适用范围。因此，分众用户和小众用户不应被忽视。

第三节　媒体融合条件下合肥市传统媒体的发展现状

一、合肥报业融合发展的概况

（一）实施分众化传播战略，形成全媒体联动舆论引导格局

合肥报业传媒集团是中共合肥市委直属事业单位，成立于 2010 年 3 月 26 日，其前身是创始于 1957 年 4 月 1 日的原合肥晚报社。集团下辖合肥日报、合

① 罗昕．结构性缺失：网络时代把关理论的重新考察［J］．新闻与传播研究，2011（3）：68-76，112-113.

肥报业传媒有限公司（含印务、发行物流、广告、物业服务、教育开发、合肥传媒等8个分公司、子公司）、巢湖报业传媒文化有限责任公司三大板块，拥有《合肥日报》《合肥晚报》《江淮晨报》《今日生活报》《合肥晚报·环湖晨刊》、合肥在线、巢湖在线等报纸和网站。近年来，通过实施分众化的媒体发展战略，集团逐步形成了党报、都市报齐全，日报、晚报、晨报、周报、手机报、社区报及网络全媒体联动，媒体之间统筹协调、责任明确、功能互补、覆盖广泛、富有效率的舆论引导格局。

长期以来，合肥报业传媒集团主要工作指标始终处于全省同行前列，并在中部省份兄弟单位中雄踞第一阵营。集团在各项新闻奖评选中位居全省前列；报纸印刷质量也多次在全国性评比中获奖；各年度均圆满完成上级下达的社会效益和经济效益考核任务。目前，合肥报业传媒集团处于历史上发展最好的时期，正在着力打造跨媒体、跨地区、多元化经营的综合性文化传媒集团。

（二）勇于探索，不断试水新媒体业务

2013年7月31日，合肥报业传媒集团入选国家新闻出版广电总局公布的首批70家“数字出版转型示范单位”名单，并成为全国唯一获此殊荣的地市级报业集团。同年，合肥在线与巢湖在线进行合并。网站官方微博粉丝近30万，《合肥手机报》订阅量保持稳定，网站点击量上升平稳，特别是2013年11月15日点击量达490万，再创历史新高，在全国地方新闻网站中平均排名20位。合肥在线在加强与百度网盟、淘宝网盟现有合作的同时，不断拓宽与中国移动、大型企业的合作渠道与规模。技术方面，《移动互联网时代地方报业的实践与思考》论文获得2013年中国报业技术年会论文一等奖，先后定制开发了“i合肥”移动客户端和“合风”全媒体客户端。

2014年，宏观环境复杂多变、媒体融合全面起步。合肥报业传媒集团始终在思想上、政治上、行动上与以习近平同志为核心的党中央保持高度一致，主动适应媒体发展新常态，巩固优势、拓展业务，党风廉政、采编、经营、管理等各方面工作运行平稳。通过努力，集团被中国报业协会先后授予“中国报业融合发展奖”“中国报业发行工作创新奖”。旗下的《合肥晚报》荣获“安徽省工人先锋号”，并在第七届中国品牌媒体高峰论坛中跻身全国城市党报品牌十强（省会）；《合肥晚报》先后被中国广告协会评为“全国晚报二十强”；《江淮晨报》在人民网研究院发布的《中国媒体移动传播指数报告》中，入选“报纸移动传播百强榜”；印务分公司承印的《合肥日报》在全国报纸印刷质量检测中荣获“精品级报纸”称号（最高等级）。

报网互动，宣传“大湖名城　创新高地”城市品牌。集团各报网为“大湖名城　创新高地”城市品牌宣传会作了大量宣传工作，特别是从2014年8月25

日起，合肥在线网站在首页推出了《大湖名城　创新高地》大型专题策划，目前已是关注、搜索“大湖名城　创新高地”的最大资料库，众多稿件被人民网、新华网等大型网站转载。

推进媒体融合。2014 年，集团各报网都开通了微博和微信，部分报网的微博业务、微信矩阵已具备较强影响力。《合肥晚报》“合肥政经观察”App 客户端、“江淮网”、《今日生活报》官方网站以及合肥晚报网、合肥晚报 App 客户端等陆续上线，集团媒体融合步伐明显加快。其中，“合肥政经观察”成为省级媒体融合发展示范项目。

合肥市报业集团旗下《合肥晚报》《江淮晨报》《今日生活报》等传统纸媒纷纷“触网”，所属“合肥都市网”“江淮网”“今报时尚网”等各网站运行良好。国家重点新闻网站“合肥在线”在全国排名中不断攀升，具备商业价值。各报网积极打造官方微博、微信公众号等新媒体，着力发展新生代舆论宣传主力军。

（三）全媒体矩阵初成气势，传播力指数不断攀升

互联网生态环境下，网媒、视频、微博、微信、客户端多种媒体形成了多向互动传播链条，加快了信息传播、互动的速度，加强了信息的融合与整合。以微信、微博和客户端等为代表的新媒体在传播中扮演着日益重要的角色。合肥报业集团致力于对新媒体的研发和运营，全媒体矩阵已初成气势，新媒体传播力指数不断攀升。《合肥晚报》通过“借船出海”模式，与国内领先的新闻客户端 ZAKER 共同推出“ZAKER 合肥”，打造了合肥市首个区域融媒体项目。借力微博、微信、微视等传播平台，《江淮晨报》《合肥晚报》等传统媒体在新媒体运用上奋起直追，其网络传播力、影响力排名已处于全省前列①。

新媒体产品得到广泛运用，文字、图片、图表、漫画、动漫、音视频等多种报道形式相融合的新媒体产品已屡见不鲜，H5、VR、无人机新闻采制等各类新兴模式已逐步从试用转化为广泛使用。在社会舆论宣传中，各类新兴媒体已经发挥出重要作用，例如在 2016 年夏季“抗洪抢险”、省市党代会、重大赛事、展会等主题宣传以及民生热点问题的引导上，各展所长、亮点纷呈，取得了良好的社会反响②。

二、合肥广播电视融合发展的概况

（一）广播电视业重组整合，打造全媒体平台

合肥广播电视台是安徽省最大的集广播、电视、互联网、影视产业、多媒体等于一体的市级综合媒体之一，拥有新闻、生活等 12 个电视频道和新闻综合、

---

① 资料来源：合肥市委宣传部。

② 资料来源：合肥市委宣传部。

交通等7套广播频率、广播电视报社。

广电行业通过重组整合，深入推进体制机制改革，积极推动传统媒体向现代的全媒体转型。同时，合肥广播电视台以广播电视为主体，以媒介融合为基调，以新闻宣传和产业运营为平台，形成内容传播的集成效应和多媒体集群传播等新传媒经济业态，实现宣传、经营良性互动，助推产业潜能充分释放，是在中国中部地区具有较强影响力的传媒机构。

合肥广播电视台在做好广播电视事业的同时，积极拓展文化产业。通过资源整合，2011年合肥市广播电视台组建了合肥文广集团，集团下属有广电传媒公司、有线电视宽带网络公司等7大子公司。2013年，文广集团实现营业总收入5.5亿元，净利润1.04亿元（属于母公司净利润0.604亿元）。

合肥广播电视台创建了新媒体合肥广播网，全面负责下属各电视频道、广播频率、报纸、杂志等传统媒体的网络呈现、宣传和推介，并反向传输给传统媒体平台，形成创新的网台联动组合传播模式，为互联网、手机及电视用户提供丰富的内容与随时随地随身的服务，已成为合肥地区区域性视听门户。

（二）建立现代企业制度，改革创新转型发展

2013年，合肥文广集团进一步完善党委、董事会、监事会、经理层等公司治理结构，确保决策机构、执行机构、监督机构独立运行、有效平衡；推进集团内部改造，将财经、生活、都市三个电视频道交由和视传媒管理运营，按照现代企业制度自主运营、自负盈亏；大胆尝试利用资本市场推动股份制改造。

（三）科技创新，推进传统媒体向新媒体转型

合肥有线电视台推行“网台分离”，成立了合肥市有线电视宽带网络公司，实现国有资本与社会资本成功“联姻”。

在科技创新方面，继《有线电视双向网络运行性能量化评估的方法》获国家知识产权局正式授权的发明专利外，合肥有线电视台还与中科大讯飞公司、中电合肥三十八所等科研单位合作，研发数字电视的语音交互系统。另外，在省市科技创新奖的评比中，网络公司申报的《合肥有线地理信息系统》《合肥有线业务运营支撑系统》及《媒资信息与流程管理平台》分获一、二、三等奖。网络公司朝着从销售产品到研发生产、从产品开发到标准制定的新型科技型企业转型发展。

（四）融合发展，壮大主流舆论阵地

依托广播、电视的内容优势，以全媒体发展部、城联新媒体为载体，制定台网联动的新机制，绝大多数广播频率、电视频道都可以在网上收看直播节目。2014年，为了浓墨重彩地宣传“大湖名城　创新高地”，合肥广播电视台开辟了

专栏专题，《合肥广播电视报》每期开设专版，有巢网在首页置顶“大湖名城、创新高地”专题网页链接，营造立体化宣传格局。合肥广播电视台成立了安徽城联新媒体有限责任公司，联合省内11个城市台组成安徽城市电视台网络联合体共同发展，全力推进新媒体建设，已实现5个频道和5个频率在线直播、点播。截至2016年11月，合肥广播电视台拥有法人微博2个、微信公众号2个、网站2个，微博和微信粉丝量达17.71万①。

（五）加大投入，推动“融媒体”平台建设

2014年4月，优生活社区建设工程在全市正式发布，庐阳区等七城区在合肥广电新开发的服务平台——YOYO网络平台上，启动了包括“网络大院”在内的部分政府服务工程和“最后一公里”民生服务项目。首批试点的14个小区陆续进入二星点亮阶段，正式为小区邻居提供了直接的在线互动和具体服务，加上栏目组对接的教育、医疗、心理咨询、亲子等服务组的引入，点亮的大院邻居们已经感受到了真实的落地服务。

2017年，合肥市以重点项目为抓手，持续加大融媒体建设投入力度。合肥广播电视台演播室高清改造项目、“安徽城市电视台全媒体公共服务云平台”等一批重大项目正在推进。其中，“安徽城市电视台全媒体公共服务云平台”项目旨在建立视频云数据服务平台、全媒体制播平台、掌上合肥数字全覆盖系统和相关配套设施，已被列入省“大新专”项目，并获得国家文化产业资金支持②。

第四节　媒体融合条件下合肥市传统媒体的发展困境

一、以传统媒体思维做新媒体的观念困境

媒体融合进程的加速，当前合肥传统媒体在观念层面主要面临以下几个方面的问题。

第一，由于缺乏宏观规划，媒介融合缺乏清晰的思路。缺乏对媒介融合整体发展的研究和设计，导致发展目标不明确，发展路径不清晰，基本上还在“摸着石头过河”。“我要融合”的想法尚未深化为开拓创新的理念思路、未转化为行之有效的办法举措。

---

① 资料来源：合肥市委宣传部。

② 资料来源：合肥市委宣传部。

第二，传统媒体所固有的“以我为主”思维，正成为影响媒体融合进程的巨大阻力。由于传统媒体在融合过程中依然坚持“传统媒体+互联网”的发展思路，即以传统媒体的思维做新媒体，媒体融合进程依然停留在“照搬内容阶段”，即将传统媒体的内容照搬到新媒体平台上。在这个阶段，媒体组织没有根据不同平台的传播特点分发内容，新媒体与传统媒体的组织架构仍旧在两个轨道上平行运行。

第三，面对“融合发展”带来的风险与机遇，传统媒体缺乏足够的创新突破魄力。传统媒体与新媒体的融合，一方面是为了适应新的传播格局；另一方面也是传统媒体希望借助新媒体，提升自身的传播力和影响力，在新媒体语境中提高主流媒体舆论引导力，发展新的盈利模式来提升经营能力。但在真正融合实践时，部分媒体才发现数字转型所需成本高且要彻底打破传统媒体原有的组织架构，建立新的融媒体传播模式，出现畏难情绪，导致传统媒体的融合进程呈现“故步自封”的局面，尚未有重大突破。

二、媒体管理条块分割的体制困境

我国媒体的管理，至今仍然延续计划经济时代的条块分割的体制，合肥市传统媒体基本上属于地方政府直接管理，以“块”为主，同时接受上级职能部门的业务领导，又显示出“条”的特性。广播电视、报刊出版、互联网基本属于不同的部门管理。因此，基于传统媒体之间以及传统媒体与新兴媒体的所有权融合面临政策与体制的梗阻。特别是我国传统媒体基本上是实行“事业单位，企业化管理”的管理体制，媒体不是真正的市场主体，通过市场运作与资本运营实现跨媒体、跨所有制、跨地区的所有权融合面临很大的困难。从目前来看，合肥的报业与广播电视业都建立了属于自己的互联网媒体，媒体融合发展主要以互联网为中心，突出了互联网在媒介融合发展中的作用。同时，媒体集团内部，在融合发展过程中，报、台、网之间条块分割、单打独斗、重复建设，媒体融合发展职能不清、工作内容和工作对象重复，运营力量多头管理、力量分散，未能形成融合发展的传播合力，媒体运营的科学管理机制亟待完善。

三、融合新闻生产的机制困境

合肥传统媒体都在积极发展新闻网站、法人微博、客户端等新媒体业务，实现了互动发展。然而，传统媒体业务与新媒体业务基本平行，整体优势没有得到充分发挥。合肥传统媒体处于融合发展的第二阶段，即互动阶段，尚未建立媒介融合新闻编辑室，没有建立融合新闻生产的管理架构，在多渠道传播方面没有形成很强的影响力与传播力。合肥传统媒体在融合转型过程中流于对新媒体技术的简单“嫁接”。传统媒体在业务体系运作基本不变的情况下，去办新媒体业务，办网站、办官博、办客户端等等。这种状态，实质上不是“媒体融合”，而是“媒体结合”，两条线运作，“并行”而未“并轨”，导致两种媒体运作“两张皮”，传统媒体稳不住，新兴媒体业务起不来。

制度障碍是传统媒体融合与发展的主要瓶颈。传统媒体原有的新闻运营模式和管理模式基本上是按照媒体的形态分类进行的。传统媒体集团内部不同业务部门的行政层级、用人方式、考核方式各不相同，旧制度的淘汰、部门的重新编排、整合困难重重。然而，媒介融合需要横向融合和纵向整合来进行整体设计。如何打破集团内部原有的媒体组织形式，构建基于新技术的统一平台，是探索当前传统媒体一体化发展战略的重点。

同时，合肥传统媒体集团开发的新媒体产品较多，未加以有效整合和错位发展，内容同质化倾向明显，影响力分散。由于缺乏强大的影响力，一些新媒体产品在发展过程中被市场无情淘汰。合肥媒体融合发展需要重塑新闻生产流程，加强新闻生产的经营与管理，加强新媒体产品的合理定位与有效整合。

四、媒体融合缺乏财力支撑的困境

传统媒体财力资源有限，新建一个新媒体产品需要投入相当的财力；然而，如果没有明显的商业效益，传统媒体领导者都不太情愿把大量精力与财力投入新媒体建设上来。再则，由于内容缺乏黏性，尚未找到合适的盈利模式，加之缺乏有效的融资手段，新媒体对受众的吸引力不足，很难走上真正的融合。合肥的新兴媒体主要是依靠传统媒体的资源建立起来的，合肥新媒体的传播力、影响力与国内知名的新媒体相比还有很大差距。因此，新媒体集团的组建，促进媒体的融合与发展，面临着更加艰巨的任务。

五、人才资源结构不合理的困境

一方面，传统媒体自身的人才流失严重，其中纸媒人才流失更为严重。主要原因是部分传统媒体用人体制机制、分配激励等配套改革滞后，缺乏完备的人才奖惩体系，许多有才之士无法实现其远大抱负，而新媒体则能够提供更好的薪资待遇和自由创新平台，造成部分传统媒体的人才流向新媒体。

另一方面，传统媒体融合发展特别缺乏新媒体人才，如从事新兴媒体经营管理、资本运作的管理人才以及高层次的软件开发工程师、网络架构师、用户体验师、UI 设计师等互联网技术人才尤其稀缺。由于体制和待遇原因，这些新媒体人才很难招得进、留得住。传统媒体竞争短板主要是：薪酬标准过低，人才的成长空间不足。

第五节　媒体融合条件下合肥传统媒体创新发展策略

当下，国内资本大举注入传媒产业，商业集团逐步构建自身的“传媒生态圈”，传统新闻媒体面临竞争多元化的市场，中央级媒体在市场竞争中具有特殊优势，尚且能与互联网巨头相抗衡，地方传统媒体则面临更大挑战。合肥传统媒体只有立足自身特点，坚持正确的舆论导向，确立互联网传播思维，以用户为中心，构建现代传播体系，才能实现跨越式发展。

一、革新发展理念，确立互联网传播思维

（一）聚合用户资源，实现“数据化生存”

互联网思维要求以用户为中心，提供用户需要的信息和服务。可以说，媒体融合是否成功，取决于传统媒体有无平台意识，能否最大限度地将用户吸引到自己的平台中来，并在这个平台上建立起最强的用户黏性。

在移动互联网时代，新兴媒体以其互动性强、非线性传播、个性化传播等特性，迅速聚集了大量用户；与此同时，传统媒体以广告收入为核心的传统商业模式难以为继，亟须通过与新兴媒体融合发展彻底转型。在一定意义上来说，传统媒体未来的盈利模式是基于数据库的媒体电子商务或媒体服务，即媒体利用自身的公信力、影响力去聚合用户资源，建立用户平台，分析用户需求，建立强大的数据库销售能力，最终可以实现多种商品的精准化且大规模的销售或媒体服务。也就是说，“数据化生存”将是媒体业未来的选择，而用户平台的建立是这个模式成立的前提和关键①。在建设用户平台的过程中，媒体应该建立用户数据库、内容数据库和产品数据库。

用户既是媒体的服务对象，也是媒体内容的创造者。在互联网时代，每个人都能够自由地生产、发布、传播信息，并对已有信息加工再造。“聚合”是新媒体的核心功能，“内容聚合”比“内容生成”更具竞争力。连接富有巨大价值的个人资源能力的强弱，成为考察数字内容聚合平台竞争力的重要指标。

（二）建立互动传播思维，增强网络新闻的黏性

新媒体传播的优势还在于其互动性。网友可以在新媒体新闻产品后跟帖，相互评论交流，形成互动空间，建构哈贝马斯所说的公共舆论场域。在这个空间

---

① 人民日报社．融合坐标——中国媒体融合发展年度报告（2015）［M］．北京：人民日报出版社，2016：5.

中，既有网友对时事的点评，也有对娱乐明星的调侃，还有对社会现实的吐槽。新媒体新闻不再是静止的信息，众多网友参与评论形成了绵延不断的信息流，延伸了新闻价值链，一条新闻不再孤立，众多网友的点评提供了看问题的多元视角，事实在辩论中更加清晰。新媒体传播建立互动思维，可以增强网络新闻的黏性，吸引稀缺的注意力资源。

对于时政类新闻，不仅提供互动空间，新媒体编辑还可以即时回复网友评论，为网友答疑解惑，适时引导网络舆论。新媒体建构公共领域，提供公共话语平台，吸引公众参与公共话题讨论，可以增强新媒体的黏性，提升新媒体的传播力和引导力。

（三）构建开放的体制与文化，创新发展理念

融合创新包括制度创新、模式创新以及具体的内容形式创新等多个方面。从战略角度来看，在确立了核心价值观和目标之后，新闻生产模式和商业模式的创新需要找到新的立足点和增长点。

与科技创新一样，媒体创新必须是日常的主动自觉行为，而不是仓促上阵。媒体要有开放的制度和文化，以及主动探索的创新机制和方式。创新需要思维的转变。例如，媒体可能在社交媒体实验上投入过多，一时没有盈利，但是通过社交媒体，媒体开发和建立了许多关系，而“关系”就是资源。再如，社会化媒体的意义不在于信息的传播，而在于知识生产和信息传播之外的价值和意义。在社交媒体时代，重要的不是简单的新闻信息的生产和加工，而应该是知识和体验，信息经过加工和过滤成为知识，知识在获取和共享的过程中成为意义和经验。传统媒体对于体验重视不够，特别是对于情绪。创新的一个大的方面是围绕受众的体验，所谓数字化生存是文化，不仅仅是信息。这需要编辑部门、数字部门和运营部门的通力合作①。

二、政府主导，推动媒体融合有序进行

（一）加强顶层设计，制定符合媒体融合特色的战略规划

由合肥市委宣传部牵头，从市级层面做好顶层设计，制定符合媒体融合特色的战略规划和前瞻愿景。

一是在宏观战略上高瞻远瞩，整体谋划，全面布局，并在实践过程中不断改进提升；二是在具体实施的侧重点和路径上因地制宜，结合各媒体企业原有特色和基础进行梯度展开；三是各媒体企业要在组织架构、技术平台、制度规范和人

① 彭增军. 传统媒体创新的打开方式［J］. 新闻记者，2017（6）：61-65.

员管理上采取相应的配套措施，从而使得顶层设计可以落实推进。不同媒体企业要制订配套媒体融合发展的实施方案，推进新老媒体从相加阶段迈向深度相融阶段。

（二）集约化传播，组建合肥全媒体集团

合肥媒体融合发展要借鉴国内外的一些成功经验，通过并购重组等资本运作促进所有权融合。发达国家的媒体所有权融合是通过并购重组等资本运营的方式实现的，呈现跨媒介、跨行业与跨国界的特点。由于计划经济时代形成的“条块分割”的管理体制的阻隔，我国传统媒体的单打独斗的局面较为普遍，迫切需要所有权融合，形成具有核心竞争力的传媒集团。通过政府的推动，我国也形成了一些所有权融合的跨媒体传媒集团，如成都传媒集团、牡丹江新闻传媒集团、佛山传媒集团等。

地方性城市实现广播电视与报刊出版媒体的所有权融合，可以在一定程度上实现资源共享。合肥媒体融合发展可以借鉴成都传媒集团模式，将原有的广播电视台和报业集团合二为一，组建合肥全媒体集团，革新新闻采编运作模式，提高内容生产的效率，降低生产成本，传统媒体也将在产业化进程中再度腾飞。

建立数字化传播理念，再造新闻生产流程，成立统一的融媒体编辑室。建立以数据库为核心的、打通整个新闻采编和经营管理等诸系统的数字化平台，构建全媒体的数字化平台，借助这个平台整合新闻资源，实现媒体组织架构融合、新闻内容融合、传播技术融合、传播平台融合，做到新闻信息一次采集，多种生产、多元传播、全媒体发布。积极运用大数据、云计算等前沿信息技术，加快推进全市全媒体采编系统、“视频数据库”“用户数据库”、云平台、数据传输发布系统的建设，实现报、台、网业务、用户数据、技术资源、内容资源共享互通。

组建合肥全媒体集团，对全市各媒体运营统筹规划，统一领导，整合本市新闻传播资源，能有效解决报、台、网之间条块分割、重复建设、力量分散的问题，聚合新旧媒体力量，形成融合发展的传播合力，从而提升合肥媒体的综合传播实力。

（三）资本融合，政府扶持与吸引社会资本相结合

争取政府专项资金扶持。比照先发地区的做法，合肥市要加大财政资金支持力度，由市财政出资设立全市融媒体发展专项资金，支持融媒体重点项目[①]。另外，合肥市发展较好的融媒体项目可争取省市两级文化产业专项资金的扶持。

大力推动新兴媒体公司上市融资，以资本为纽带实现借力发展。借助社会资

① 资料来源：合肥市委宣传部。

本进行跨界融合。随着互联网技术的不断发展，不同产业（如传媒、信息、通信等）之间的界限变得日益模糊。2015年以来，以京报集团和《新京报》《北京青年报》为代表的报刊媒体，积极运用自身资本、品牌、人力等优势，进行跨界融合。比如，在社区服务领域，2015年5月、10月，《北京青年报》旗下的社区传媒在资本市场上分别完成了A轮、B轮融资，充分说明了投资者对其业务的肯定。

三、以用户为中心，建构现代传播体系

（一）结合政务传播，建构大规模用户平台

媒体融合发展应以用户为中心，以用户平台搭建为首要任务。用户数据是这些平台实现价值的前提，如果只是搭建了平台，而不能聚集相当规模的用户，平台的价值就无法体现，抓住用户将成为区域性媒体平台建设的重点和难点。

智慧政务平台建设正是传统媒体聚集大规模用户的有利契机。一方面，人们对政务服务的需求是刚性的，人人都需要办理诸如缴费、注册登记等业务，智慧政务平台天然拥有庞大的用户群体。另一方面，在长期的政务活动中，政府有关部门采集了大量用户数据信息，建立起相应的数据信息库，如公安、电力、教育、卫生、社保、民政等部门有着庞大、精确的用户数据库，在智慧政务平台建设过程中，这些用户数据可以说是无价之宝。相比于新媒体，传统媒体有更强的线下资源整合能力，与地方政府关系更为密切，合肥传统媒体如果能参与合肥智慧政务建设，把媒体融合发展与之统筹运作、有机结合，将带来集聚用户资源、打造用户平台的巨大机会。

在互联网信息传播环境下，媒体借助智能政务建设的需要，建构大规模用户平台来获得大量的用户数据，是一条现实可行的路径。如浙江日报集团下属的传统纸媒——瑞安日报社，根据集团提出的“新闻+服务”定位而构建了新型用户平台的媒体融合发展战略，积极谋划和实践通过“互联网+政务”，打造智慧行政服务平台，占领政务服务入口，促进自身融合发展。他们依托自己的技术开发团队，为当地智慧政务建设搭建技术平台，为政务服务平台提供运营维护服务，以及线上线下策划活动，从而实现了借助政务入口来集聚用户，构建新型媒体平台并重掌“话语权”的目标。

（二）分众传播，清晰定位新媒体功能

分众传播，找准定位，实施专业化个性化策略。细分市场，在某一领域或行业内做精做专，从而享有独家话语权，增强用户黏性。当代社会是信息社会，公众希望能有一个适合自身需要的个性化媒体，而不是大而全的传统媒体模式。新兴媒体基于大数据和算法，能够实现快速、精准推送和个性化服务。面对公众的

个性化需求，地方传统媒体可以利用新媒体优势，借助用户定制，向受众提供精而简、少而优的资讯，巧妙应对信息爆炸带来的负面影响。

清晰定位多种媒体功能。如传统纸媒在深度上做文章，新媒体以快捷为主。综合运用多媒体表现形式，结合媒体自身定位，实施特色定位、差异化发展战略，打造一批时政、财经商业、生活服务、文体休闲等各类新媒体拳头产品，满足多终端传播和多种体验需求，形成多层次、多形态、共同发展的新媒体产品格局，切实增强吸引力和感染力。

（三）借力传播，加强渠道技术深度融合

地方传统媒体与新媒体融合发展，资金技术均是掣肘因素。借力发展，加强渠道融合，可以有效破解这一难题，从而提升地方媒体的影响力和传播力。通过开拓多媒体传播渠道，与新媒体建立战略联盟、项目合作等方式推进媒体融合。电视、纸媒端口可提供互相进入渠道，拓展传播渠道；传统媒体主动与电信、移动运营商嫁接，与移动聚合类新闻客户端合作。如安徽新媒体集团主动与百度、腾讯等技术集团公司加强沟通和联系，就新闻 App 推广、大型企业网络营销、大数据、地方站建设等初步达成了合作意愿。合肥是科技创新城市，传统媒体可以借力本地科研院所、科技公司等加强技术研发，打造具有自主知识产权的新媒体产品。

（四）跨行业传播，整合行业资源增强服务性

在资本和技术投入上，地市级媒体与互联网大鳄和中央级媒体还有很大差距，而在传播平台的数量上，自媒体为数众多。如何在自媒体的汪洋中不沦为“沉默的螺旋”，“做本地，做服务”及延长媒体价值链是提高地市级媒体竞争力的关键因素，即不仅提供新闻信息，更注重提高为本地区用户的服务能力。

加强与本区跨行业资源的整合，如与医疗、教育系统整合，建立医疗教育栏目或频道，通过在垂直领域的努力，增强优质特色内容的生产能力，提高用户黏性和忠诚度。如智学网在某年高考期间约请合肥八中名师解读高考作文，每位用户只需花费一元钱即可观看的视频直播，当日直播时有数千名用户参与观看。这种付费观看视频模式，既吸引了稀缺的注意力资源，提升了品牌影响力，又提高了企业的盈利能力。

（五）开发用户资源，拓展多种盈利模式

用户资源是被许多媒体忽略但又蕴含着巨大价值的资源。合肥市媒体可以关注价值链上的用户环节，从以下四个方面创新盈利模式：

第一，用户生成内容模式。在互联网时代，人人都有可能成为传播者，网民们发表的帖子、评论、图片、音视频等，形成了海量的内容资源，等待媒体去挖

掘。合肥媒体可以整合优秀网民资源，生产一些有特色的新媒体产品。将用户资源有效挖掘聚合，既放大了个人价值，又链接了稀缺的注意力，增加了媒体流量，从而转化为商业价值。

第二，“内容收费”模式。在盈利模式上，上海观察采取了“内容收费”模式，产品一经上线即运营情况良好。截至2015年7月，“上海观察”App下载量约80万，收费用户达26.5万，微信公众号粉丝数上升到6万。采用此种模式，打造有价值的内容是关键因素。以内容建设为中心打开商业变现途径，可能成为新闻业融合的重要商业模式。

第三，数据服务模式。以用户需求为导向，根据媒体拥有的各类数据资源为用户提供某些特定服务。传统媒体经过多年的发展，积累了丰富的内容资源和社会信任资源。媒体转型应当把这些优势资源整合起来，建立和完善内容数据库，把数据库转化为可以带来更大价值的信息产品和内容服务。

第四，会员模式。将用户转变为会员，即将读者、用户变为注册会员，实行收费模式。相比于传统媒体，视频网站的会员模式运行得较为成熟。随着网剧、网络综艺的兴起，爱奇艺、乐视网、搜狐视频等视频网站越来越多地吸引会员注册，付费观看视频。合肥广播电视台视频网站可采取此种模式。

（六）人才融合，搭建开放式“人才网络”

媒体在数字化转型的过程中，不仅需要对内容和服务进行整合，更需要充分挖掘内外人力资源，增强自身的内容生产能力和移动消费适应能力。

加强数字技术人才的招募和培养，积极引进数字技术人才，提高数字技术人才在传统媒体单位员工中所占的整体比例。传统媒体主体应配套制定和实施相关的数字技术人才培养、引进和使用的优惠政策，不断壮大数字技术人才队伍。建立良好的创新激励机制，从物质激励和精神激励两个层面保障相关人才的基本需要，充分发挥人才的创造性和主动性。同时，积极构建产学研一体化平台，加强高等院校与传统媒体之间的深入合作，为传统媒体转型发展提供更多的智力保障。

第八章　提升地方政府治理网络形象的对策建议

政府在执政过程中的实际表现是体现其政府形象的基础，从本质上决定着政府工作以及政府形象的好坏，政府形象的建构归根结底是公众对于政府工作的满意度。在当前网络新时代，越来越具有开放性的网络媒体给社会舆论生态带来了巨大的冲击。地方政府网络形象塑造作为一项系统工程，表现的是政府实施行政行为在网络上的公布与传播以及公众在网络上对此的反映与评价，也就要以加强行政法治建设、进一步推动政府职能转变、加强和创新社会管理、提升政府应急管理能力等为前提，使其行为不偏离时代的需要和公众的意愿，努力作好决策科学化、管理民主化、政务公开化、办事效率化、为政公正廉洁，这样才可能在公众心目中形成良好的形象①。

第一节　地方政府网络形象治理中存在的缺陷

地方政府历来重视发挥互联网管理部门的职能，统筹网络发展管理和安全，从规范、政策、标准等不同层面推动网络信息安全工作，为重点单位和所在企业营造良好的环境，在网络中树立良好的治理形象与服务形象。地方政府网络宣传部门、公安部门、社会治理工作小组等共同开展区内重点单位、企业网站备案、关键信息基础设施检查、重要信息系统摸排工作，通过联系、走访重点单位及涉及相关重要信息系统的企业，告知等保备案、网站备案及信息系统安全防护的重要性，提高网站主体单位的责任感、自觉性，引导相关单位和企业积极配合共同塑造与治理网络形象；但有时也难免考虑不周而导致舆情发生，影响地方政府网络形象。

① 刘勋．新媒体时代下泸州市政府形象塑造对策研究［D］．成都：西南交通大学，2018.

一、政府网络形象治理的意识不足

政府治理网络形象是为了争取公众对其行政管理的理解和支持而达到政通人和的效果。在信息传播极为迅速的网络社会，政府形象塑造意识的树立和强化有利于促进政府执政理念优化更新、强化危机处理质效提升。2011 年 3 月初，南京市政府为建设南京地铁 3 号线，将南京市主城区内许多于 20 世纪中期栽种的法国梧桐等树木移栽。因之前南京地铁 2 号线移栽后的树木的存活率仅有 18%，其行为造成了部分南京市民的强烈不满，并发起“绿丝带活动”要求保护南京市内的行道树。根据大数据统计，“南京梧桐树事件”在 2011 年 3 月 17 日出现了第一次舆情高峰，主要由市民发起“拯救南京梧桐树，筑起绿色长城”的活动所引发，如图 8 - 1 所示。

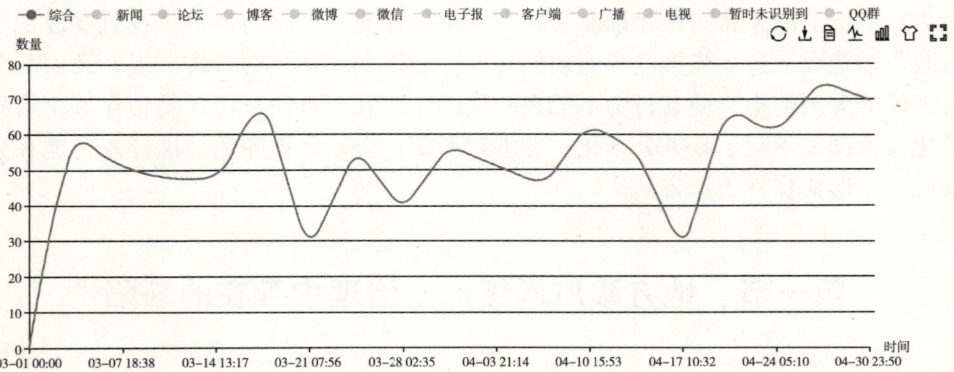

图 8 - 1　“南京梧桐树事件”舆情事件走势

2011 年 3 月 17 日，南京市政府制定《关于进一步加强城市古树名木及行道大树保护的意见》，承诺市政建设“原则上工程让树，不得砍树”，从政策层面上回应了此次舆情事件，用以修复政府网络形象。从 3 月初到 3 月 17 日政府文件出台，在这次事件中，反映出地方政府的网络形象治理意识较弱，没有及时维系政府网络形象，导致舆情热度不断上升，引发社会舆论热议。

二、政府网络形象治理中危机公关能力不够

我国地方政府所在城市越来越现代化，现代化的大楼越来越多，广场越来越阔，地铁越来越多，而那些见证城市变迁的历史遗留越来越少。为城市现代化建设而让道的城市遗存并非南京梧桐树一例，但对于南京这座古都而言，大树已不单单是市民遮风庇荫的“工具”，她已成为南京人一种难以释怀的情愫，融入了

这座古都的血脉里，流淌着她的思想和情感。那郁郁葱葱、参天入地的法国梧桐更是这座城市的名片与象征。在政府网络形象的治理过程中，有些地方政府的危机公关力量较弱，专业性差距较大，导致处置危机速度慢、效果差，同时网络宣传跟不上舆情发展的进程，信息发布含糊而滞后，缺乏健全的危机应对机制，网络舆情治理手段较单一，缺乏对新媒体的有效运用。在"南京梧桐树事件"发生后，某家媒体就指出，南京市民为何要自发组织起来保护"南京梧桐"。那一条条梧桐树上的绿丝带，在无声地向城市管理者提出抗议："南京梧桐"是南京市民的，是属于这座城市的。它们是否该为地铁让路，南京市民是有发言权的，而不能仅仅靠城市管理者"拍脑袋"决定。为此，《中国青年报》发表评论：公众用绿丝带系住的不仅是具体的南京梧桐，更是梧桐所负载、所代表的城市文化取向。只有真正认同大树在城市文明中的价值，认同其历久弥新的存在，才有可能让一个城市的历史沧桑、文化想象得以传承、完善。城市不应该只是一味求新、求快、求洋，城市应该是多元的、舒适的、包容的。

三、政府网络形象治理中信息沟通渠道不畅

在地方政府网络形象治理过程中，地方政府的信息沟通渠道有时不够畅通。多年来，南京在城市建设与人文遗迹的关系处理上饱受诟病。《第一财经日报》曾评论：地铁是科学理性和经济理性的产物，象征人类的经济能力，经济价值可以计算得出来。人文历史遗迹、自然风光景色到底值多少钱？用什么方法来计算？思路要拓宽，要用经济加文化的统一视角，把两本大账一起算，不能只算新建筑带来的经济价值，还要扣除历史遗迹消失所带来的损失。挖掉的树木、失去的美丽景色，价值要算进去。东方网也报道：政府应在历史保护和城市发展之间找到一个平衡点，"如果只要是老的东西，一砖一瓦也要死死守护不肯丢手，那是幼稚的表现，因为他们不知道城市更新中能触及多么复杂的细节"，"如今很多地方也具备历史保护意识，但依然极为有限，一般来说重点依然只是在单体建筑的保护，却往往忽略掉一个街道所具有的整体性"。

《中国青年报》的评论是：树移植不过是一种"优雅死"，但是，从不容分说地砍伐到像模像样地移植，毕竟也算城建理念的进步。我们期望，政府应该能够真正倾听民意、尊重城市发展与历史保护的平衡，而不是动辄以发展之名大肆砍树，以改善之名强行拆迁。一旦诗意被消解、历史被遮掩，那点所谓的城建成就，也就真的变成了浮云。"南京梧桐树事件"折射出当代中国城市发展的相同性困境，区别只在于彼此的数量多寡、程度深浅以及树种的差异而已。如何走出困境？现行的法律法规之外，还在于城市管理者对城市发展、历史传承与文化建设的认知程度。

可见，地方政府一方面是投入行政沟通的人力、物力、财力、时间等成本急

剧增加；另一方面，上情下达和下情上达的不及时、不准确时有发生，信息的交流度和共享率偏低。另外，在网络形象治理过程中，地方政府缺乏有效的信息支持和信息沟通的机制，信息的采集、整合和传递的能力不强，不能及时准确向公众发布权威信息，给谣言留下生存空间，造成公众恐慌，产生塔西佗陷阱。

四、政府网络形象治理中互动不够

在“南京梧桐树事件”中，我们看到政府行为要严格依法行政。移树首先是严密的审批程序。其中，主干道的树木需要移植的，由市城市绿化行政主管部门批准并报市人民政府备案；次干道、支路、街坊路的树木需要移植的，由所在区城市绿化行政主管部门提出审核意见，报市城市绿化行政主管部门批准；公共绿地的树木需要移植的，由市城市绿化行政主管部门批准；机关、团体、部队、企事业单位和居住区中的树木需要移植的，由所在区城市绿化行政主管部门提出审核意见，报市城市绿化行政主管部门批准；在城市重点敏感路段移植树木或移植树木数量较大的，作出行政审批前必须先进行公示，广泛征求社会公众意见，市城市绿化行政主管部门根据公众意见审慎作出审批意见，并报市人民政府备案。地铁对城市建设的意义不仅仅为了现代化大都市的需要，也要看公众对此的认识。显然，市民从地铁上获得的收益也不尽相同。有的获益大，可能就赞成修地铁而牺牲梧桐树；有的获益小，可能就不赞成修地铁而要保卫梧桐树了；还有的人，即便地铁给他带来了实实在在的便利，也不愿意牺牲梧桐树。在地铁和梧桐树的权衡上，实际反映了南京市民对于自己的生活、自己的城市的综合性价值判断。这就要求地方政府在治理网络形象过程中，多方考量，即时互动。但有些地方政府在回应网络舆情、应对网络危机的过程中，与媒体和公众之间的沟通渠道较少，媒体和公众对政府在网络形象治理中的看法评价等的反映往往不能及时传达到政府，缺乏良性互动及有效反馈。当前，地方政府在网络形象塑造与治理中缺乏客观的评判标准，受公众感性认知影响较大，主观性差异较明显，而反馈机制也有欠缺。有些网络媒体、自媒体对政府的回应有时不能做到客观、公正，对政府的正面报道常流于形式，负面报道又追求轰动效应而有失公允，影响了地方政府网络形象的治理。

第二节　新时代地方政府网络形象治理的策略

新时代网络社会中存在着来自各行各业的群体，他们在以互联网为平台的媒体中进行消息传递、情绪情感、态度观点及利益诉求的表达，反映出了社会进步的成果，也对推动社会交流方式的信息化和现代化产生了积极作用。同时，地方政府网络形象与当代经济发展、社会进步、生态环保等问题交织在一起，给政府网络形象塑造与治理也带来了不确定因素。因此，地方政府要积极探索网络形象治理的方式，掌握网络发展规律，强化网络的正面功能，消减负面效应。地方政府形象管理不仅仅是新闻传播，更是包含政府在内的一系列信息的情境传播；其传播的主体与客体不仅仅是指向政府自身，更是涉及党委和政府所属的所有部门机构等①。特别是面对突发性重大事件时，地方政府对网络形象的塑造与治理更要有预案与方略。

一、地方政府要及时召开新闻发布会

一旦有社会事件发生，地方政府要及时召开新闻发布会，介绍该事件的基本情况，公布权威性的数据和信息，回应媒体和公众关切的问题，澄清与该事件相关的谣言等，对于网络形象的治理非常重要。

一是要构建层级合理、相对稳定的新闻发言人系统。第一，做好新闻发布会的筹备工作，是发布会的核心要义。不管个体发言人也好，群体性发言人也罢，在筹备发布会时，要周全准备，预测提问，及时通过各种渠道搜集相关信息，全面掌握事件处置的各类信息，对媒体报道、公众诉求、突发情况、舆情走向、预期提问、立场和姿态等进行前期准备和预期研判，准确把握网络舆情及社会舆论脉搏。在发布信息时，新闻发言人对核心问题的回应和关键信息的发布要坚持“快速应对、态度诚恳、信息准确、有理有据”的原则。因为公众与新媒体需要的是地方政府能够主动披露已经核实的真实数据和关键信息，而不是官员面对记者的轮番追问而报以无知或模糊不清的回应。

二是要统筹规划、充分授权，统一口径，形成信息发布的协同效应。对于群体性新闻发言人，地方政府要进行有效的统筹安排，兼顾信息回应，通过授权来明晰分工与协同。当发生突发性重大事件时，地方政府的部门负责人甚至政府主要负责人需出面正面回应。如果现场没有政府负责人，同级部门的发言人又没有得到授权，造成信源不统一，发言人不敢发声，搪塞推诿，将会造成不良影响，有损地方政府形象。

三是要诚恳坦率、担当责任、回应关切，形成发布会的人性化态度。在新闻发布会中，发言人代表的是政府组织，而非个体或群体意义上的代表，发言人需要在官民之间搭建心理认同的桥梁。这就要求发言人要怀有诚恳坦率、担当责任的心态，及时回应网络和社会舆论关注的问题，答疑解惑，并提供相关依据和证据链条，展现政府沟通的诚意和政府治理的能力。可见，新闻发言人要普及基本

---

① 刘小燕．政府形象传播的本质内涵［J］．国际新闻界，2003（6）：49-54.

的专业知识，能够熟练运用网络媒体发布信息和引导舆论，提升政府网络形象的治理能力。

二、地方政府要构建综合、动态、透明的网络发布系统

第一，地方政府需要构建综合的信息搜集、发布、监测和反馈平台，为政府治理网络形象及时提供全方位的有效信息。如果仅靠政府召开的新闻发布会这种形式则无法提供“接地气”的信息沟通渠道。在一些突发性重大事件中，首曝媒体常是微博等自媒体，人民日报、人民网、央视新闻、澎湃新闻等主流媒体及其所属新媒体，成为事件信息的主要汇集和传播平台。有的自媒体平台采取现场直播，传递影像素材，博得网民跟风、评论与转发，这就需要政府机构及时监测、反馈与处置。

第二，动态、多渠道的信息发布是网络形象治理的基本要求。在一些突发性重大事件中，有些地方政府单纯运用新闻发布会这一传统方式，在事件应对期间连续举办多场新闻发布会，形成单一的官方信源通道。它们较少使用政务微博和官方微信等渠道发布信息，难以保证信息传播的及时性和有效性，将对政府网络形象的治理带来困难。而通过政府通报、政务微传播（政务微博、微信、客户端等）和全媒体现场采访等多渠道进行动态回应，可以避免网络舆情的进一步发酵，为政府网络形象治理提供条件。在融媒体时代，政务微传播的运营不仅仅是“锦上添花”和简单的信息发布平台，而是提升工作效能、为公众解决实际问题的重要手段。

第三，利用网络直播方式可以助推网络舆论引导，有效化解治理危机。运用电视直播或网络直播的方式可以即时、透明地传播发布会的内容，有效引导网络舆论，有助于问题的及时解决。而且，网络直播能成为传播重大事件的最快捷的通道，营造“我在场”的真实氛围，影响重大事件的解决速度和力度，化解政府网络形象的危机。

第四，透明的信息发布能够阻止各类谣言的滋生和传播。在融媒体时代，伴随信息生产的碎片化、传播渠道的多样化和传播主体的多元化，关于公共事件的谣言不断产生。如果党委和政府的权威发布跟不上，谣言和流言就会满天飞，为虚假信息的产生和传播提供了发酵空间，引发公众和网民的恐慌心理或网络舆情声讨。近年来，面对重大事件的发生，地方政府不同部门、不同领域的政务微博加强了联动，创新网站联合辟谣平台，及时传播权威信息，提升辟谣效率，迅速成为网络形象治理的主力军。

三、地方政府要依法治理网络形象

地方政府网络形象塑造与治理作为一项系统工程，首先是政府实施行政行为

的积累和反映，因此必须以加强行政法治建设、进一步推动政府职能转变、加强和创新社会管理、提升政府应急管理能力等为前提，使其行为不偏离时代的需要和公众的意愿，努力做到决策科学化、管理民主化、政务公开化、办事效率化、为政公正廉洁，这样才可能在公众心目中形成良好的形象。

进入新时代，要加强和创新社会治理，坚持问题导向，把专项治理和系统治理、综合治理、依法治理、源头治理结合起来，坚定不移走中国特色社会主义社会治理之路，打造共建共治共享的社会治理格局，形成人人有责、人人尽责的社会治理共同体①。党的十八大以来，习近平总书记等中央领导都曾经不止一次地强调，领导干部要善用媒体、善管媒体、善待媒体，要尊重新闻舆论的传播规律，正确引导社会舆论，维护好党和政府的良好形象。

第三节　地方政府治理网络形象的建议

在现代化的社会政治生活中，网络扮演着越来越重要的角色，网络信息传播的虚拟性、开放性、便捷性使政府形象的塑造与传播面临着严峻的考验。媒体中政府形象的宣传对政府形象起到了强化、重塑和修正的推动作用②。同时，网络媒体方便了政府开展公共宣传和政策发布，增强了官民的互动性，塑造了政府亲民的形象。政府利用网络媒体收集舆情信息、了解民意，及时预判危机，化解社会矛盾，更好地服务人民群众③。地方政府作为公共管理的主体，要正视网络的传播影响力，通过互联网构建及时有效的信息互动平台，及时与公众进行沟通，拉近政府与公众的距离，提高网络话语的主动权与传播影响力。在国家治理体系中，政府是网络形象治理的主体；社会组织是网络形象治理的辅助力量；新闻媒体是网络形象治理的主要宣传者；公众要树立社会主义核心价值观，具备健康向上的自律行为。

一、建构政府网络形象的引导体系

在政府网络形象治理中，要进一步构筑党的领导地位，加强党的集中统一领导。发展社会主义民主政治，积极稳妥推进政治体制改革，推进社会主义民主政

① 中共中央宣传部．习近平新时代中国特色社会主义思想学习纲要［M］．北京：学习出版社，人民出版社，2019：164.

② 马美玲，覃杰．网络社会政府形象塑造与传播策略研究［J］．传播力研究，2018（19）：242-243.

③ 胡杰．网络环境下的政府形象塑造［J］．中共中央党校学报，2012（4）：71-74.

治制度化、规范化、法治化、程序化，保证人民依法通过各种途径和形式管理国家事务，管理经济文化事业，管理社会事务，巩固和发展生动活泼、安定团结的政治局面①。中国共产党拥有自我净化、自我完善、自我革新、自我提高的强大能力，能够做好宏观统筹和微观操作的整体设计，在事关政府网络形象治理的科学立法、机构改革、资源整合、意识形态引领等方面发挥好总揽全局、协调各方的领导核心作用。而政府是执行党的决策，代表国家行使主权，代表人民管理国家事务。要构建以公权力为主导、多元主体协同，由网络舆情监控、干预、问责等机制构成的立体式网络形象治理体系。特别要重视网络形象治理的科学性、有效性，坚持价值理性与工具理性的统一。其中，依法治理是衡量当代政府现代化治理能力和水平的重要维度。但依法治理绝不仅仅停留于“科学立法、严格执法、公正司法、全民守法”十六字上，而是一套系统的、智慧的、现代化的治理体系。当前，政府要在媒介融合的时代背景下，制定科学合理的媒介组合策略，必须慎重考虑和重新审视新媒体语境下社会舆论的新形势，利用媒介与公众开展良性互动。健全政府与媒体的良性沟通机制，充分利用和引导网络媒体在舆论引导中的积极作用，规范媒体的行为，将媒体纳入政府形象治理体系中。同时，完善网络媒体的“议程设置”。网络媒介在面对纷繁复杂的信息的时候，要对信息来源进行选择，选择具有权威性的来源，进行网络舆论引导，将网络舆论反馈的信息纳入公共政策议程，坚持正确的价值导向，确保政府法规、政策及各项措施等信息的公信力和影响力。

地方政府在国家层面和基层之间起着承上启下的作用，处于两个层级的夹心地带，扮演着政策执行者与政策制定者的双重角色，同时也是政策信息上传下达的关键枢纽。在社会事件处理中，地方政府时常成为社会矛盾和社会冲突的聚集点。当基层的公民利益诉求无法得到有效满足时，相关利益群体通常会寻求上访，基层各种较为复杂的案件也通常会由于基层政府应对能力不强以及基础设施等条件的限制而转接到地方政府。在政府网络形象治理中，地方政府要正确处理与自媒体的关系。网络舆情传播后，舆情信息会迅速扩散，地方政府具有相应的行政资源及行政能力，能妥善处理好自媒体的引导问题。同时，地方政府要提升宣传工作的质量，要负责向外界发声。有关政府部门代表了政府的态度和决策，对网络舆情的疏导具有至关重要的作用，要转变行政观念、积极介入、以人为本、采用柔性化与多元化的舆情引导方式，维护政府形象。

---

① 习近平．决胜全面建成小康社会，夺取新时代中国特色社会主义伟大胜利——在中国共产党第十九次全国代表大会上的报告［N］．人民日报，2017-10-28.

二、提升政府新媒体素养水平

政府网络形象治理的参与主体，除政府外，对网络形象影响最大的主体是媒体，它们在一定程度上重塑了公民的价值观。而网络媒体相对于主流媒体来说具有一些优势，它能捕捉到一些传统媒体忽略或尚未发现的舆情信息，在报道的内容、报道的方式等方面更具灵活性。但有些自媒体为了博取眼球，在一些材料不全、信息偏差较大或信息失真的情况下，极端地发布一些流言、谣言。正因如此，政府要提升网络宣传平台的引导能力，就要加强主流媒体建设。

地方政府必须转变观念，强化公关意识，遵循网络媒体的传播规律，学习使用媒体的艺术和技巧，创新媒体监管调控方式，营造相对宽松的媒体环境。必须学会“新媒体执政”，提高运用媒体的公关意识，善用、善管新媒体。第一，地方政府要善于利用新媒体来宣传和推介政府形象，与媒体形成良好的合作，变被动的新闻封锁为主动的新闻发布，各级领导干部也要注重个体媒介形象的塑造。第二，地方政府要包容网上的批评和建议，要改变旧思维。政府部门要认识到，正是通过媒体的批评报道，才能更加深入地了解社会，准确把握社情民意，才能及时调整政策，改进自身的工作，取得公众的认可，才能重塑政府形象和公信力。第三，地方政府要善于使用平民化、人情化、网络化的语言和公众进行沟通，拉近和群众之间的关系。第四，地方政府要善于获取、分析、评估新媒体上的各种信息，既要鼓励媒体秉着真实性原则来进行新闻的报道，同时也要冷静对待网络上的各种言论观点，对于建设性的意见要积极采纳，对于个别的情绪发泄也不必过于紧张。第五，地方政府要具有应对网络舆情、化解危机的媒介素养。政府与网络新媒体的关系不应是管制与被管制的关系，政府要积极主动地与新媒体联手，建立双方的合作关系，通过网络新媒体及时发现舆情信息，也注意使用媒体化解舆情危机，实现传播体制的创新，建立政府与媒体的新型伙伴关系。

随着移动上网的日益普及，政务“两微”（微博、微信）在政府网上政务活动中扮演着越来越重要的角色。为了实现政府形象的良性构建，需要做好两方面工作。第一，要整合政务“两微”的组织机制，打造地方政务微博微信“矩阵”。政务“两微”运行的规范程度体现着一级地方政府的公信力和权威性。政务微博、微信传播力强、影响面广，对推进政务公开、服务社会公众、宣传政府工作、正面引导舆论具有重要意义。政务微博、微信建设要围绕党和政府的中心工作，主动、及时、全面、准确发布政府信息，以增进公众对政府工作的了解和理解；注重运用数字解析、图表图解等易读易懂、社会公众喜闻乐见的形式，对涉及面广、社会关注度高、实施难度大、专业性强的政策法规进行深入浅出的解读；对涉及本地区本部门的重大政策信息、重要政务舆情、重大突发事件以及上级政府部门的重要政务微博信息等，要及时发布或转载；要强化互动和服务功能，积极开展在线交流，面向公众开放微博评论、私信以及微信留言功能，受理咨询诉求、了解公众需求、倾听意见建议；鼓励政务微博、微信开通服务功能，加强公共服务数据库建设，加快发展基于互联网的医疗、健康、养老、教育、旅游、社会保障等新兴服务，变“群众跑腿”为“信息跑路”。第二，要加强政务微博、微信与政府网站的协作，打造“两微一站”的跨媒体网络媒体群。政府网站作为政府信息发布的主要平台，强调的是全面性、准确性和权威性，而政务“两微”作为政府信息发布的辅助平台，其优势是更加及时、快捷，互动性强，二者结合有很强的互补效应。要做好政务“两微”与政府网站的协作，提升技术支持系统，整合各类信息，给政务“两微”不能完全表达的信息附上政府网站链接，使政务“两微”既能发挥信息发布快捷、传播面广的特点，又能增加政府其他网络资源的访问量，发挥官网和“两微”优势，更加有效地促进信息的整合。

三、强化网络政务协同治理能力

在新进代，政府的单向决策由于在制度和能动性两方面存在着内在缺陷，致使社会组织成为促成善治的一剂良方。社会组织不仅可以提供公共服务，还可以凭借其天然的公众基础优势发挥舆论引导、矛盾纾解等重要作用①。社会组织具有桥梁衔接、技术处理等优势且和政府共生于同一体系②。当庞杂的公共行政服务无法覆盖社会的每个角落时，往往需要借助专业社会组织的力量共同治理。同时，与政府合作也是社会组织“合法存在”并充分发挥舆论引导作用的前提③。社会组织参与社会治理过程已取得了良好的成效，如一些志愿组织在得到地震等自然灾害消息后能够主动前往灾区救灾。社会组织可成为政府治理的有力助手，政府要积极创建平台，重视与发挥社会组织的功效。为此，建议：第一，政府要转变传统行政管理理念，尊重与重新定位社会组织在网络治理中的地位和作用。政府方要强化对社会组织的认同，将社会组织不再视为行政管理的对象，而是视为治理的协同参与主体。第二，要完善社会组织参与舆情治理的制度保障。政府要想吸纳社会组织参与治理，就必须在政策上给予社会组织参与的优惠，同时降低社会组织参与的门槛。既要有独立的社会组织参与的财政预算或专项资金，建构政府购买社会组织服务的合作机制；也要积极搭建平台，完善政府与社会组织

① 赵振宇．应对突发事件：舆论引导系统论［M］．北京：中国社会科学出版社，2017：3.

② 张玉亮，杨英甲．社会组织参与突发事件网络舆情治理的角色、功能及制度实现［J］．现代情报，2018（12）：26-31.

③ 赵振宇．应对突发事件：舆论引导系统论［M］．北京：中国社会科学出版社，2017：3.

的对话和沟通机制。第三，以优惠政策吸纳社会组织参与。在落户、住房等问题上给予社会组织工作人员一定的优惠。工作中，政府方给予社会组织一定的自主性，为社会组织专业性的发挥留足空间。①

四、提升政府网络传播影响力

地方政府一方面要加大网络法律法规的宣传力度，提高公民法律意识，推动公民有秩序、有素质、高质量地参与网络治理；另一方面，要建立健全网络传播体系，对接基层公民的利益诉求，拓宽网络舆情的疏导渠道，及时跟进与回应重要的网络舆情信息，不断提升政府网络传播影响力。一是拓宽网站传播渠道。政府网站要通过开展技术优化、增强内容吸引力；完善网站功能设计，增强用户体验性，提升政府网站页面在搜索引擎中的收录比例和搜索效果；要加强手机、平板电脑等移动终端应用服务，积极利用微博、微信等新技术新应用传播政府网站内容，方便公众及时获取政府信息。有条件的政府网站可发挥优势，开展研讨交流、推广政府网站品牌等活动。二是建立完善联动工作机制。各级政府面向公众公开举办重要会议、新闻发布、经贸活动、旅游推广等活动时，政府网站要积极参与，做好传播工作。各级政府网站之间要加强协同联动，发挥政府网站的集群效应，对上级政府网站发布的重大政策信息要及时转载、链接。三是加强与新闻媒体协作。加强政府网站与报纸、杂志、广播、电视等媒体的合作，增进政府网站同新闻网站以及有新闻资质的商业网站的协同，最大限度地提高政府信息的影响力，将政府声音及时准确传递给公众。四是加强组织保障。要在人员、经费、设备等方面为政府网站提供有力支持，各级财政要把政府网站内容保障和运行维护等经费列入预算；制定政府网站考评办法，完善奖惩问责机制，把考评结果纳入政府年度绩效考核，可采用第三方评估、专业机构评定、社情民意调查等多种方式，客观、公正、多角度地评价工作效果；加强专业人才培养，建设一支具备信息采集、选题策划、编辑加工、大数据分析和安全保障等综合能力，熟悉政务工作和互联网传播规律，具有高度政治责任感和工作担当的专业化网站运行管理队伍。

由于网络传播速度非常快，能让突发重大事件的舆情扩散得更快、更广，地方政府任何不切实际的言辞都将给地方政府带来不利影响。因此，突发事件发生时，政府要及时发布信息，制定有效的应急管理机制势在必行。一是建立有效的突发事件报告制度。一旦有突发事件发生，地方政府相关部门要第一时间掌握准

① 孔建华．当代中国网络舆情治理：行动逻辑、现实困境与路径选择［D］．长春：吉林大学，2019.

确事实，并通过官方平台向群众传达事件的真实情况。地方政府要保持实事求是的态度，正确阐明事情的危机程度，及时向公众传递事情的最新进展情况，运用新媒体与公众互动，满足群众的信息需求。二是建立有效的突发事件评估制度。通过建立一套规范的突发事件系统评估体系，对突发事件中的各项工作进行有效的危机管理，使地方政府在规范制度的保障下，实行有秩序的操作。地方政府突发事件科学评估也是衡量地方政府应急危机处理能力的一个重要标准。科学的危机评估制度要深入事件处理的每一个细节中，如处理的速度、方式、与群众的沟通程度等。地方政府在危机事件处理后要对事情进行归纳、分析，对事件进行总结。三是设立高效的突发事件应急处理机构。地方政府应急事件处理机构要从各应急部门抽调人员组成，专门应对危机事件管理，机构人员能准确回答群众的问题，改善地方政府部门应急机制较弱、主动性不强的情况，相关人员要进行专门的培训，坚决杜绝“瞒报”“谎报”等问题的出现。地方政府要通过以往的舆情事件总结经验，查找舆情诱发的原因、总结处置舆情的方法，有针对性地提出方案，改进工作中曾出现的问题，防止类似舆情危机再次发生。不断提高应对突发事件的能力，才能确保地方政府塑造良好的网络形象①。

---

① 刘勋．新媒体时代下泸州市政府形象塑造对策研究［D］．成都：西南交通大学，2018.

参考文献

[1] 刘建明. 基础舆论学 [M]. 北京：中国人民大学出版社，1988.

[2] 王来华. 舆情研究概论 [M]. 天津：天津社会科学院出版社，2003.

[3] 彭伟步. 信息时代政府形象传播 [M]. 北京：社会科学文献出版社，2005.

[4] 李正国. 国家形象构建 [M]. 北京：中国传媒大学出版社，2006.

[5] 易重华. 中国地方政府转型 [M]. 北京：中国社会科学出版社，2008.

[6] 吴友富. 中国国家形象的塑造和传播 [M]. 上海：复旦大学出版社，2009.

[7] 高红玲. 网络舆情与社会稳定 [M]. 北京：新华出版社，2011.

[8] 史安斌. 危机传播与新闻发布：理论·机制·实务 [M]. 北京：清华大学出版社，2013.

[9] 谢金林，杨维东. 网络舆论危机下政府形象管理研究 [M]. 北京：人民出版社，2015.

[10] 常松，胡靖. 新媒体传播与舆论引导 [M]. 芜湖：安徽师范大学出版社，2016.

[11] 王国华. 突发事件网络舆情的动力要素及其治理 [M]. 武汉：华中科技大学出版社，2017.

[12] 曾润喜. 热点事件网络舆情的传播与治理 [M]. 武汉：华中科技大学出版社，2017.

[13] 舒刚. 基于政治安全的网络舆情治理创新研究 [M]. 武汉：武汉大学出版社，2018.

[14] 黄河. 移动互联网时代的政府形象传播 [M]. 北京：中国人民大学出版社，2018.

[15] 陈力丹. 舆论学：舆论导向研究 [M]. 上海：上海交通大学出版社，2012.

[16] 赵新利. 网络环境下的对外传播与国家形象塑造 [J]. 北京邮电大学学报（社会科学版），2007（3）：6-10.

[17] 张珂．网络对外传播与国家形象塑造［J］．新闻窗，2008（2）：100-102.

[18] 焦德武．浅谈政府网络形象的传播与建构［J］．江西师范大学学报（哲学社会科学版），2010（6）：40-45.

[19] 王国华，王雅蕾．网民政府形象认知定势现象研究——以农民上访后“出逃”事件为例［J］．情报杂志，2011（6）：51-55.

[20] 张玉强，孙淑秋．网络舆情危机与政府形象提升模式研究［J］．厦门特区党校学报，2010（5）：48-53.

[21] 黄敬才．试析在网络时代如何塑造良好的政府形象［J］．山东省农业管理干部学院学报，2011（4）：97-98.

[22] 刘金蕊．浅析网络问政与政府形象塑造［J］．知识经济，2011（10）：43.

[23] 冯敏，李芳芳．网络媒体：政府形象的助推器［J］．新闻爱好者，2010（5）：13.

[24] 谢金林．网络时代政府形象管理：目标、难题与对策［J］．社会科学，2010（11）：52-60.

[25] 陈俊．网络时代政府形象的维护和修复［J］．学理论，2009（29）：8-10.

[26] 李尚．突发公共事件中网络议程设置与政府形象传播［J］．前沿，2011（5）：158-160.

[27] 张橦．网络新闻发言人与服务型政府的形象塑造：以南京市网络问政平台为例［J］．采写编，2011（4）：51-52.

[28] 淦家辉，彭支援．网络沟通下政府形象“距离悖论”的解析及应对［J］．理论与现代化，2011（3）：36-40.

[29] 钟榴．网络舆论危机下的政府形象塑造［J］．改革与开放，2011（4）：61-62.

[30] 胡杰．网络环境下的政府形象塑造［J］．中共中央党校学报，2012（4）：71-74.

[31] 方金友，常松．博客舆情的传播社会学分析［J］．学术界，2012（6）：87-94，284.

[32] 方金友．社会转型期网络舆情治理路径探究［J］．学术界，2013（7）：147-155.

[33] 方金友．西方网络民主的发展图景［J］．国际论坛，2013（4）：7-13，79.

[34] 常松，方金友．博客舆情的群体属性与传播模式［J］．江淮论坛，2013（6）：137-141.

[35] 方金友．网络社会的嬗变进程与基本特征［J］．学术界，2014（9）：99-107.

[36] 焦德武．微博舆论负面效应及其治理研究［J］．新闻界，2014（17）：53-58.

[37] 方金友．微传播的时代背景与主要特征［J］．学术界，2016（9）：87-94.

[38] 尹红．网络舆论视角下的政府形象管理策略［J］．新闻研究导刊，2016（10）：26-27.

[39] 常松，王慧．政务微博的公共领域建构［J］．新闻战线，2017（3）：113-115.

[40] 张敬．网络舆论危机下我国政府形象的建构模式研究［D］．兰州：兰州大学，2016.

[41] 林利．网络舆论危机管理的政府职责及其防控体系研究［D］．长沙：湖南大学，2008.

[42] 任媛媛．网络时代危机传播模式的重构与应用［D］．济南：山东大学，2008.

[43] 丁猛猛．公共危机中的政府形象管理研究［D］．西安：西北大学，2008.

[44] 朱义宁．网络舆论危机中的政府应对策略研究——基于政府、媒体、公众关系重构的视角［D］．武汉：华中师范大学，2009.

[45] 周文飞．地方政府应对网络舆情的能力建设研究［D］．长沙：湖南师范大学，2011.

[46] 冉来凤．哈贝马斯公众舆论理论研究［D］．北京：首都师范大学，2013.

后 记

《安徽社会建设蓝皮书》是我国第一本中西部省份专论社会建设选题的蓝皮书，是安徽省文化事业建设资金持续支持项目，由安徽省中国特色社会主义理论研究会组织专家学者进行编撰出版，也是安徽省社会科学院推出的反映安徽社会建设的智库产品。2013 年 4 月，第一本《安徽社会建设分析报告（2012—2013）》由社会科学文献出版社出版发行。2015 年 11 月，社会科学文献出版社又出版了《安徽社会建设分析报告（2014—2015）》。2017 年 6 月，安徽省中国特色社会主义理论研究会召开了换届大会，选举产生了新一届理事会，将《安徽社会建设蓝皮书》撰稿出版作为研究会开展研究工作的重要内容。由于经费来源不足和编撰队伍不稳定，研究会决定每年选择社会建设的某一专题，结合科研人员的研究方向和多年积累，以论著形式进行较为深入的研究。2018 年 8 月，研究会组织撰稿的《社会治理视阈下的青少年成长报告》由合肥工业大学出版社出版。2019 年 12 月，研究会组织撰稿的《人口老龄化背景下安徽养老服务业发展报告》由合肥工业大学出版社出版。2020 年，研究会甄选“地方政府网络形象的塑造与治理”作为年度选题，进行调研撰稿。

21 世纪以来，研究会关注社会热点、难点问题，致力于打造前沿、交叉学科研究，研究会成员先后主持国家社科基金项目“扩大中等收入者比重研究”（2003 年）、“博客舆情的分析与研判”（2010 年）、“微博舆论与公众情绪互动研究”（2014 年）、“微传播的舆情分析与治理路径研究”（2016 年）、“新闻事件流行语的意识形态镜像研究”（2017 年）、“自媒体时代环境传播中的舆情研究”（2018 年）等多项。研究会成员还主持安徽省社科规划项目“安徽网络舆情监测与引导机制研究”“安徽网络文化建设研究”“安徽省网络文化产业的发展研究”“网络传播者的职业道德教育研究”“网络时代的安徽传媒发展研究”“网络传播与安徽形象塑造研究”“网络舆情的善治路径研究”“政务微博与安徽政府形象建构研究”“媒介融合背景下新型主流媒体建构研究”“乡村治理视域下安徽‘微政务’传播研究”等十余项，聚焦网络传播学研究。随着互联网的普及和发展，网络彻底改变了传统社会的信息传播状态，对政府形象产生了越来越重要的影响。如何在网络时代更好地维护政府形象，最大限度地修复已经受损的形象，这是现代政府需要重视的现实课题。一般来说，政府网络形象是政府信仰、价值标准、制度行为等通过网络显现出来并被公众认识进而形成的印象和评价，涵盖政府的整体素质、综合能力和施政业绩在网民中获得的认知与评价。本书的一些章节来自上述省级课题的研究报告，具体章节的撰写作者如下：前言、第一章、第二章、第八章：方金友（安徽省社会科学院）. 第三章：王慧、王磊、吴樾，第四章、第五章、第六章、第七章：三慧（安徽省社会科学院）。

由于地方政府网络形象的研究尚处于起步阶段，我们的调研只是浅层次的，而且因经费保障及研究水平有限，得出的观点难免偏颇。本书大量的数据源自统计资料、实地调研及网络信息，由于来源、口径不同，可能出现不尽一致的情况，敬请读者在引用时进行核对。

作　者

2022 年 1 月

图书在版编目(CIP)数据

地方政府网络形象的塑造与治理研究报告/方金友,王慧著.—合肥:合肥工业大学出版社,2022.3

ISBN 978-7-5650-5818-9

Ⅰ.①地… Ⅱ.①方…②王… Ⅲ.①互联网络—应用—地方政府—形象—研究报告—中国 Ⅳ.①D625-39

中国版本图书馆CIP数据核字(2022)第035499号

地方政府网络形象的塑造与治理研究报告

方金友 王 慧 著　　　　责任编辑 王钱超

出 版	合肥工业大学出版社	版 次	2022年3月第1版
地 址	合肥市屯溪路193号	印 次	2022年3月第1次印刷
邮 编	230009	开 本	710毫米×1010毫米 1/16
电 话	人文社科出版中心:0551-62903205	印 张	10.25
	营销与储运管理中心:0551-62903198	字 数	195千字
网 址	www.hfutpress.com.cn	印 刷	安徽昶颉包装印务有限责任公司
E-mail	hfutpress@163.com	发 行	全国新华书店

ISBN 978-7-5650-5818-9　　　　定价:39.00元